岳贤伦 ⊙编著

危险的14岁，麻烦的16岁

哈尔滨出版社

HARBIN PUBLISHING HOUSE

图书在版编目（CIP）数据

危险的14岁，麻烦的16岁 / 岳贤伦编著. -- 哈尔滨：
哈尔滨出版社，2024. 10. --（叛逆期心理学系列）.
ISBN 978-7-5484-8031-0

Ⅰ. G782

中国国家版本馆 CIP 数据核字第 2024N303X4 号

书　　名：**危险的14岁，麻烦的16岁**
WEIXIAN DE 14 SUI，MAFAN DE 16 SUI

作　　者：岳贤伦　编著
责任编辑：李维娜
封面设计：张佩战

出版发行：哈尔滨出版社（Harbin Publishing House）
社　　址：哈尔滨市香坊区泰山路82-9号　　邮编：150090
经　　销：全国新华书店
印　　刷：三河市中晟雅豪印务有限公司
网　　址：www.hrbcbs.com
E－mail：hrbcbs@yeah.net
编辑版权热线：（0451）87900271　87900272
销售热线：（0451）87900202　87900203

开　　本：710mm×1000mm　　1/16　　印张：11　　字数：200千字
版　　次：2024年10月第1版
印　　次：2024年10月第1次印刷
书　　号：ISBN 978-7-5484-8031-0
定　　价：59.00元

凡购本社图书发现印装错误，请与本社印制部联系调换。
服务热线：（0451）87900279

前　言

　　家庭教育可以说是一场旷日持久的战斗，总有几个难以攻克的关卡，总有几场激烈的战役，而青春叛逆期就是其中最难攻克的关卡，最激烈的战役。说起青春叛逆期，很多家长一脸无奈，因为这一时期的孩子就像一头疯狂的"野兽"——情绪敏感、脾气暴躁、虚荣心爆棚、自以为是、行为叛逆、做事极端……说起青春期的少男少女，家长要抱怨的实在太多太多：

　　情绪起伏大，上一秒还艳阳高照，下一秒就乌云密布；

　　故意和父母顶嘴、吵架、对着干，一言不合就离家出走；

　　爱炫耀，爱攀比，喜欢标新立异，花样百出，还振振有词；

　　总认为自己是对的，谁的意见都听不进去，还总是嫌父母啰唆；

　　抽烟、喝酒、打架、沉迷于手机，谁抢他的手机，敢跟谁拼命；

　　小小年纪谈恋爱，还扬言"恋爱自由"，父母若阻止，他们可能会私奔；

　　……

　　现实生活中，不乏青春期孩子跳楼、跳河的新闻报道，青春期孩子自杀、犯罪的数据更是触目惊心。

很多家长对青春期孩子的种种叛逆行为大惑不解，认为孩子是"故意"的。其实，这是孩子成长过程中的一种正常现象，是孩子独立意识觉醒的表现，也是孩子疏导不良情绪、保持心理健康的重要方式。这些叛逆行为并不可怕，只要家长了解孩子的生理特点、心理机制，找到他们叛逆的根源，就可以把危机转为契机。

有一位作家，文采极其丰富，他为小朋友创作了一个又一个美妙的文学作品，很多小朋友都是他的书迷。按理说，他在儿童教育方面应该得心应手，然而现实却无情地"打脸"。作为父亲，他曾无奈地感慨："我对成千上万的孩子造成了影响，怎么会对自己的亲生儿子无能为力呢？"

他的儿子在青春期的时候，处处跟他对着干，让他束手无策。他曾苦口婆心地劝导儿子，但儿子压根不听。他也发过脾气，但儿子不怕。因为儿子的教育问题，他经常晚上睡不着，有时还能梦见和儿子争吵的场景。

作家觉得这样下去不行，于是积极思考对策，他向朋友请教，被告知"青春期的孩子正处在叛逆期，家长没有必要和孩子针锋相对"。他又去向专业人士咨询，对方告诉他："从孩子目前的行为来看，他的叛逆值只是略微有点儿高，但并没有到过分的程度。"专业人士表示，在家长眼里孩子比较奇怪的行为，实际上不是孩子要故意为之，而是孩子有时候控制不住自己，家长要多包容和安抚孩子。

从那以后，作家再也不和儿子针锋相对了，而是放低身段、放平心态，耐心地和儿子周旋，甚至哄着儿子。一段时间过后，奇迹出现了，儿子突然开始听话了，变得和以前一样懂事。

通过这个案例，我们可以发现：青春期的叛逆行为是正常的，家长不必操之过急，过于担忧。青春期不是洪水猛兽，而是瀑布流水，其前进的力量是无法阻挡的，家长千万不要人为地控制，而要善于开渠引流。

在教育孩子的过程中，其实每个家长都是新手，都需要不断学习，著名作家如此，普通家长更是这样。虽说青春期是一个特殊时期，孩子处于"非正常的正常状态"，但打开青春期孩子心门、解密叛逆期孩子的钥匙就在家长手中，只要家长充分认识和了解这一阶段的孩子，了解他们的行为特征，把握好教育方向，就可以指引他们走上充满鲜花和阳光的成长之路。

目 录

第1章

青春期的孩子有多可怕?

提到青春期的孩子，我们的脑海里就会闪现出"叛逆""冲动""暴躁"这些关键词。难怪作家麦家在回忆儿子的青春期时，苦涩地说："陪伴他，说得难听一点儿，就是陪伴一头老虎，你得小心翼翼。"可见青春期的孩子有多可怕。他们的可怕在于不成熟、情绪多变，内心充满各种矛盾。

父母最大的卑微，就是孩子到了青春期

很多人说，养育孩子是世界上最难的"工作"，其中有一个阶段更是坎坷，让很多父母手足无措，这个阶段就是青春期。在进入青春期之前，孩子由于年纪小、对父母的依赖性强，对父母的话往往也是言听计从，即便偶尔出现反抗情绪，父母也可以从容应对。但是进入青春期后，伴随着生理发育和独立意识的增强，孩子的叛逆之心也空前强烈，开始变得不听话，甚至把父母的话当成耳旁风，故意跟父母作对。可尽管孩子如此挑衅父母的权威，父母却拿孩子没办法，因为一旦父母对孩子进行强硬打压，孩子很可能就会赌气不理父母、不学习或者干脆离家出走。于是，很多父母不得不"屈服"于孩子，在孩子面前谨小慎微，生怕惹怒孩子，整天活得战战兢兢。难怪有人说，父母最大的卑微，就是孩子到了青春期。

杜女士说她的女儿今年12岁，最近半年脾气越来越大，上一秒母女俩聊得还挺开心，下一秒可能因为杜女士一句话没说好，女儿就生气拉下脸。

杜女士劝女儿努力学习，女儿却说"死读书没用"。

杜女士叫女儿穿着打扮别太"另类",女儿却说:"这是个性,你懂不懂啊?"

杜女士提醒女儿放学早点儿回家,女儿却不当回事,还和同学去吃路边摊,连个招呼都不打。

女儿的表现让杜女士很失望。一天晚上,她在饭桌上说了女儿几句,结果女儿立马起身去房间收拾东西,扬言离家出走。杜女士顿时慌了神,赶紧示弱,好声好气把女儿哄住,这才避免了一次"大决裂"。

从那以后,杜女士再也不敢跟女儿说狠话,就连提意见、提要求也要先字斟句酌,生怕惹得女儿不高兴。

青春期是儿童走向成年的一个过渡期,也是人生第二个生长发育高峰期,这一时期孩子的生长发育很快。现如今,随着物质生活水平的提高,孩子从小营养摄入更丰富,接触信息的渠道也更多,所以进入青春期的年龄也会有所提前,有些孩子八九岁就什么都懂了。

长期从事青少年心理问题研究的李玫瑾教授曾说过:"孩子进入青春期非常典型的表现就是:放学一进屋就甩掉鞋子,直接'砰'的一下关上门。"她还指出,孩子在青春期最主要的生理表现就是性发育,一般女孩在12岁左右,男孩在14岁左右,开始进入青春期。由于青春期孩子的身体迅速发育,他们的内分泌有可能失调,所以有些孩子容易情绪不稳定,说开心就开心,说变脸就变脸。在这个阶段,父母和孩子相处起来非常困难,摩擦较多,很多亲子冲突都发生在这一时期。

龙女士的儿子经历了一段时间的网课学习,她清楚地记得,当时儿子的叛逆到了顶峰,由于没有校纪校规和老师的束缚,他越来越无法无天,经常趁上网课时偷偷打游戏，还不写作业，甚至出现了暴力倾向。有时候，他跟父母一言不合就砸电脑，前后砸坏了三台电脑、两扇门。他甚至经常半夜大吼大叫，邻居忍无可忍，气得都报警了。

再看看龙女士和丈夫，虽然怒火中烧，但面对暴躁的儿子，他们也只能忍着，因为只要他们敢对孩子吼一句，孩子瞬间就会爆发，简直像一个火药筒。他们在儿子面前活得非常卑微，对儿子也不敢有什么要求，只希望儿子身心健康、平平安安就满足了。

青春期的孩子有多难教养，从龙女士儿子身上可见一斑。在这个阶段，父母既要对孩子多加引导，以免孩子走上弯路，又要注意与孩子的相处和沟通方式，避免好心办了坏事，导致亲子冲突爆发。下面我们来看以下几点建议。

首先，要学会认同孩子。

进入青春期的孩子，经常有意无意地流露出叛逆的言行，这些言行显然不是父母想看到的，有些父母因此想当然地批评孩子，这很容易引起孩子的反抗情绪。父母聪明的做法是，学会认同和肯定孩子，让孩子愿意与父母交流，再在交流中慢慢引导孩子。由此，才能既避免青春期的亲子冲突，又达到教育孩子的目的。

青春期，父母应该学会"稳住"孩子，而不是急于"击垮"孩子，所以切勿辱骂孩子或当众批评孩子。孩子犯了错误，父母应该去管教，但比起孩子的自尊心，管教孩子似乎没那么刻不容缓。

其次，父母必须有耐心。

青春期是孩子成长的一个阶段，即使这个阶段再难，终究都会过去。作为父母，要有足够的耐心等待孩子长大，等待孩子懂事，只要熬过了这个阶段，很多问题就会烟消云散。比如，孩子有不好的表现时，父母切勿急躁，切切上纲上线，把问题看得过于严重，试着冷静、耐心地去引导孩子。如果引导不了，也不要强行纠正，而是把问题交给时间，等到某天孩子变得懂事一些了，教育就会很轻松。

再者，掌握沟通的艺术。

孩子进入青春期后，父母要学会幽默地与孩子沟通，不要一脸严肃，这样既能拉近与孩子的距离，又能营造和谐轻松的家庭氛围，让孩子在愉快的氛围中接受教育。当然，幽默地沟通也别忘了尊重孩子，切莫拿孩子的伤疤、丑事等来开玩笑，以免伤害孩子的自尊心，引起孩子强烈的对抗情绪。

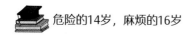

情绪敏感：心情总是阴晴不定

进入青春期的孩子，其情感世界充满风暴，情绪波动极大，取得一点儿成绩或家长夸他一句，就可能沾沾自喜，甚至得意忘形；遇到一点儿挫折或家长批评他一句，马上又会伤心难过，甚至一蹶不振。在这个特殊时期，孩子的心情和情绪犹如阴晴不定的六月天，前一刻还是阳光灿烂，下一秒则会乌云密布，让人捉摸不透。

进入中学的小吴就像变了个人似的，以往他是父母眼中的乖孩子，性格温和、爱笑爱闹，如今却内心敏感、情绪多变，前几分钟他还和父母有说有笑，但当父母说了一句不中听的话时，他马上就表现得十分暴躁和不耐烦。

有一次，小吴和同学在外面玩得有点儿晚，回家后妈妈忍不住唠叨了他几句："你说说你不好好学习，还玩这么晚才回家？你都去干吗了？"

听到妈妈这样说，小吴顿时就甩脸色给妈妈看："怎么？我生活的全部都是读书吗？我就不可以和同学玩吗？再说我成绩又不差，你管我那么多干吗？"说完就"砰"的一声关上门，把自己关在房间里。

没过一会儿，小吴从房间里出来倒水喝，正好听见爸爸和妈妈在讨论假期出游的事情，他又像没事人一样，也笑嘻嘻地凑过去参与讨论。

青春期的孩子，通常会比童年时期有更复杂的情绪变化和更强烈的情感表达，他们会莫名其妙地忧郁和冷漠，也会突然大发脾气，或做出冲动行为，他们之所以会有这样的情绪表现，主要是复杂而敏感的内心情感交织在了一起。下面，我们来了解一下青春期孩子最常见的10种情绪：

1.挫败感

青春期是一个既崇尚自由，又缺乏耐性的阶段，为了实现某个目标，孩子不得不承受满足感的延迟和缺失，这会让他们变得难以忍受，从而产生挫败感。

2.愤怒

青春期的孩子非常渴望被公平对待，甚至需要父母小心翼翼对待，父母稍不注意就可能让他们感到被冒犯、被羞辱、被伤害，继而产生愤怒情绪。

3.焦虑

青春期的孩子，随着眼界的开阔和经历不断丰富，往往会对新的挑战和未知的世界感到焦虑和不安。

4.兴奋

青春期的孩子受兴趣和好奇心的驱使，愿意冒险去做一些刺激的事情，这会让他们感到兴奋。

5.困惑

随着一个人内在和外在的世界变得越来越复杂，青春期的孩子很容易产生分心、混乱感和困惑。

6.悲伤

成长的过程就是逐步舍弃对旧事物依恋的过程，比如告别旧时的朋友，舍弃

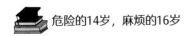

曾经的兴趣，走出原来的圈子，这个过程必然要承受失落和悲伤。

7.失望感

进入青春期后，孩子会面临更多的竞争和尝试，随之而来，也会遇到更多的拒绝、碰壁和失败，这会让他们产生失望感和无力感。

8.压力感

青春期正值初中、高中阶段，孩子既要面对成长的困惑，又要面对学业的压力，压力感会如影随形。

9.厌倦

很多青春期的孩子既不知道自己该做什么，又必须做一些自己不喜欢的事情，这样的生活让他们感到空虚，有时候会感到厌倦。

10.孤独

青春期是孩子与父母在心理上逐渐分离的阶段，一方面孩子要走向独立，另一方面孩子要走向外界，更倾向于融入人际圈子，加上有时候不被父母和他人理解，因此容易产生孤独感。

以上10种情绪交织在一起，会让孩子情绪多变、起伏不定，时而沉闷不语，时而莫名忧郁，时而紧张不安，时而敏感多疑，时而胆小怯懦，时而冷漠无情，让父母感到措手不及，束手无措。

那么，到底该如何应对青春期孩子的各种情绪呢？下面给出简单建议：

当孩子沉闷不语时，父母既不能不管不问，也不能跟在身后追问不停，否则很容易激起孩子的抵触心理。明智的做法是，先环顾一下家庭环境，思考导致孩子突然沉闷不语的原因，有则改之。如果从家庭环境和自身找不到原因，那就要从孩子学校和交际圈子中寻找真相了，试着和孩子的老师交流，和孩子的朋友沟通，找出问题所在，及时开导孩子。

当孩子莫名忧郁时，父母首先要确认忧郁的原因——是受影视剧的影响，还是真遇到了值得忧郁的事情。如果原因是前者,孩子忧郁的情绪往往很快就会消散;如果原因是后者,那父母就要和孩子多些交流,引导孩子一起做些快乐的事情,帮孩子赶走忧郁情绪。

当孩子紧张不安时,父母一定要给孩子关心、安慰、鼓励和温暖,同时了解孩子在学习、人际交往等方面的情况,搞清楚导致孩子紧张不安的原因,对症下药,帮孩子消除不良情绪。

当孩子敏感多疑时,父母一定要少些批评、否定、打击,更不要莫名其妙地"鄙视"孩子,那样做不但会引起孩子的反感,还会加剧孩子的敏感多疑和自我怀疑,甚至造成孩子性格的缺陷。

当孩子冷漠无情时,其实不必太担心,因为青春期孩子表现出冷漠无情是正常的。做父母的一定不能"以暴制暴",用严厉的方式处理,比如批评孩子冷漠、无情,这是不可取的,这样做只能激起孩子内心深处的叛逆,让孩子变得更冷漠无情。正确的做法是,多给孩子关心和陪伴,帮孩子渡过这个时期。

最后要强调的是,孩子进入青春期后,无论情绪怎么多变,父母都要做到:既不必过分忧虑,又不能不管不顾,完全不当回事,而要多关心、巧沟通,帮孩子走出不良情绪的困扰。

脾气暴躁：撑天撑地撑父母

脾气暴躁，是青春期孩子最典型的特点之一。一言不合就跟你急眼，就跟你大吼大叫，对你大发脾气；你一句话没说好，他就会撑你，在家撑父母，在校撑老师，大有"撑天撑地撑空气"的豪横。很多父母百思不得其解：为什么孩子以前脾气温和，如今却如此暴躁？

（一）

刘女士说，她女儿在小学阶段脾气挺好的，可是进入初中后完全变了个人，变得让她简直不敢相信，动不动就发脾气，家里三天两头气氛紧张。"前几分钟她还和你有说有笑，后几分钟因为你一句话没说对，她就对你大吼大叫，甚至是声嘶力竭，这是怎么回事呢？"

（二）

家长汪女士说，她家孩子进入青春期后喜欢把自己关在房间，如果你敲门，他就会不耐烦地质问："干什么呀？烦不烦！"如果你不小心闯进去，他就会发疯一样地吼叫。

（三）

"我孩子14岁了，现在越来越没礼貌，不管哪位长辈跟他说话，只要说话不中听，他就给脸色看，甚至直接撑回去：'你会不会说话？不会说话没人当你是哑巴！'这真让我的老脸挂不住！"家长赵先生这样说。

（四）

梁女士说："跟我家孩子谈什么都可以，就是别提学习的事儿，一谈，保准跟你发火，好像他是给我学习一样。为了让他认真学习，我苦口婆心说了好多，但他却跟我吵架，说我多管闲事。"

进入青春期后，由于孩子们的生理和心理迅速发育，脑中枢神经异常兴奋，所以情绪转换非常快，但他们的大脑前额叶发育不成熟，他们做不到像成年人一样理性、克制，所以才会表现出冲动、暴躁、偏执、桀骜不驯等行为，让人觉得不可理喻。

作为父母，在理解青春期孩子脾气暴躁的同时，也要经常思考孩子脾气爆发的外部原因，毕竟孩子不会无缘无故地发脾气，既然他发脾气了，背后一定有更深层次的原因。因此，切勿就事论事，斥责孩子："这有什么可生气的，你发什么火？"而要慢下来、静下来，思考以下几个问题：

是不是你和孩子开玩笑的方式不恰当？让孩子觉得你不尊重他？

是不是你仍像对待小孩子一样对待他，对他事无巨细地交代，让他觉得你很烦？

是不是你对孩子说的话、跟孩子说的事忽视了他的感受，戳到了孩子的痛点？

是不是孩子本来心情不好，不想说话，你却唠唠叨叨，打扰了他独处，让他厌烦？

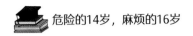

是不是你跟孩子沟通的方式不对，无意间翻旧账了，勾起了孩子痛苦的回忆？

是不是你处理问题太简单粗暴了，比如孩子正在看电视、玩手机，你突然粗暴地打断，或无理地阻止他继续，让孩子心里不爽？

……

如果你从未考虑过以上几个问题，那么当孩子的暴脾气冲着你来时，那你千万不要觉得自己无辜，更不要觉得孩子是在无理取闹。反之，如果你在孩子脾气爆发时，懂得从以上几点去思考深层次的原因，那么相信你就能够顺利找到孩子脾气暴发的"导火索"。

要知道，很多在我们看来习以为常的话、动作、语气、眼神，在青春期孩子的眼里可能会被解读为讽刺、挑衅、蔑视、打击等意味，这会让他们受到刺激。所以，我们在与青春期孩子相处时，有必要把他们当作成年人一样去尊重、对待，一言一行要充分尊重和照顾他们的感受。为此，我们要做到以下几点：

1.别逼青春期的孩子听话

中国式家长都喜欢听话的孩子，都习惯用"听话"来要求孩子。然而，青春期本来就是孩子最不听话的年龄段，在这个特殊时期你逼孩子听话，对孩子有很强的控制欲，无疑是往枪口上撞。明智的做法是，多给孩子建议，允许孩子按自己的想法安排学习、生活和穿着，给孩子留有独立的空间。

2.在孩子面前别太在乎面子

随着孩子年龄的不断增长，其知识面在不断扩展，思想也在不断成熟，父母的权威也容易受到挑战，这是自然规律，也是孩子撑家长、反抗家长的主要原因。对此，家长没必要总是用身份和拳头维护自己的权威，试着放下面子，接受孩子在某些方面超过自己的现实，并为之感到欣慰，同时要不断学习，跟上孩子成长的步伐。

3.重建亲子相处的模式

孩子进入青春期前，亲子关系最重要的特点是孩子依恋父母；进入青春期后，亲子关系的模式会发生巨大的变化——孩子试图挣脱父母的管束，寻求精神的独立，试图发展自己的人际关系圈子。在这种情况下，家长需要做出调整，重建亲子相处的模式，学会尊重、关心、激励孩子，这才是亲子之间愉快相处的关键。

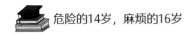

虚荣心爆棚：炫耀、攀比、标新立异

进入青春期后，孩子在自我意识和社交需求的双重作用下，为了更好地融入"小社会"，往往会表现得爱慕虚荣、相互攀比、标新立异。在他们尚未成熟的思想里，别人有的东西自己也应该有，而且还不能比别人的差，否则就是低人一等，就会被人瞧不起。反之，如果自己的东西比别人的高级、昂贵、有名气，自己就会被羡慕、被追捧，这种感觉妙不可言。正因为如此，孩子才会做出种种让父母感到不解的事。

陈熙的爸爸是一家连锁超市的老板，家庭条件比较优越。自从陈熙升入初中后，爸爸就觉得他变了，变得爱慕虚荣，喜欢追求名牌。由于学校规定上学期间必须穿校服，陈熙无法在着装上追求名牌，只好要求爸爸给他买名牌手表和手机。这不，爸爸给陈熙买了一部3000元的手机，可用了不到半年，他又嚷嚷着要换一部手机。

此外，陈熙每周的零花钱也水涨船高。在小学阶段，陈熙每周的零花钱是100元，自从升入初中，他的零花钱需求就上涨到500元，有时同学生日需要送礼物,他还会要求爸爸额外给他钱。对此,爸爸妈妈苦口婆心劝说他花钱要节省,可陈熙却振振有词:"都什么年代了?几百块能干吗呀?再说了,你们赚那么多钱,对我为啥那么抠门?"每当听到这话,父母都会被噎得无言以对。

跟陈熙比起来,初中生小兰就没那么幸运了。

小兰是一名住校生,成绩优秀,全家人都为她感到骄傲,对她也寄予很高的期望。可每次周末回家,小兰好像都兴致不高,家人问她发生了什么事,她也不说。有一次,小姨趁家中没其他人,旁敲侧击地问出了小兰的心里话。

原来小兰发现周围的同学几乎都有手机,而且大部分人的手机还是高端手机。大家在课余时间经常讨论手机游戏和新功能,每次她都插不上话,觉得和大家格格不入。可是小兰知道自己家境一般,全家人为了供她和弟弟上学省吃俭用,爸爸妈妈自己用的手机都已经很旧了,所以她没法开口向爸爸妈妈提出买手机的想法……

很多父母觉得,对于十几岁的孩子来说读书才是最重要的事,物质上有什么可攀比炫耀的?有什么值得爱慕虚荣的?其实,爱慕虚荣是这个年龄段孩子正常的心理现象,他们的虚荣心主要表现在以下几个方面:

1.炫耀家庭条件

青春期的孩子自己没有实力可炫耀,最能炫耀的就是自己的家庭条件,比如父母的工作、收入,父母开的车,家里的房子。他们甚至按照经济实力划分等级,有些家庭条件好的学生看不起家庭条件差的学生,父母职业体面的学生看不起父母职业一般的学生,这种势利的风气早已在他们之间蔓延。这就使得那些家境一般的孩子心生自卑,觉得低人一等,难以融入正常的同学交际圈子,而那些家境优越的孩子则高高在上、自以为是、目中无人，瞧不起其他同学，这种风气对青春期孩子的价值观发展影响恶劣。

2.穿着方面攀比

除了炫耀家庭条件，青春期孩子还喜欢在穿着方面进行攀比。由于广大中学校园规定：学生必须穿校服上学，导致中学生们无法在衣服上做文章，于是鞋子、饰品、手机等就成了攀比的重灾区。比如，青春期孩子喜欢穿名牌鞋子，喜欢戴名牌手表，喜欢用高档手机等，如果家长不满足，他们可能一哭二闹三上吊，只为能追赶时髦。

3.追求独特个性

青春期是血气方刚、活力四射、个性飞扬的时期，很多孩子都想展现不一样的自我形象，不想沦为平庸的普通大众。既然穿衣方面不能展现个性，那就在打扮上搞点与众不同，只要学校没有明文规定，那就来个烫发、染发、打耳洞、文眉、文身，通过标新立异来彰显个性，以此获得别人的关注。

在物质炫耀、穿着攀比和追求个性方面，有些孩子甚至到了走火入魔、丧失理智的地步，比如用欺骗、偷窃、抢劫、伤人等行为来获取钱财，以满足自己膨胀的虚荣心。父母如果不重视并及时加以引导，孩子很可能在错误的道路上越走越远。

那么，父母应该怎样遏制孩子膨胀的虚荣心，引导孩子树立正确的价值观呢？下面简单谈一谈应对的方法：

1.拒绝孩子的无理要求

不少父母在孩子物欲爆发的初期不加遏制，而是为了息事宁人，虽不情愿但也满足孩子的无理要求。久而久之，孩子的虚荣心越来越膨胀，再想遏制和引导就非常困难了。这就提醒我们，当孩子提出无理的物质要求时，我们要懂得拒绝，并说明原因，绝不放纵孩子的虚荣心。

2.让孩子体会生活的不易

很多青春期的孩子从小生活在较为优越的环境中，没有吃过苦，没有受过累，不知道美好生活来的多么不容易。因此，家长有必要带孩子体验辛苦，如带孩子去自己工作的场所看看，特别是那种环境比较艰苦的工作场所。还可以带孩子去建筑工地，让孩子看看农民工人汗流浃背建设的场景；带孩子去车水马龙的菜市场，让孩子看看大伯大妈卖菜的场景，告诉孩子："金钱是用辛勤劳动和汗水换来的。"家长还可以让孩子了解每个月的家庭收入和支出，或安排孩子做杂工赚取报酬，让孩子自己去体验赚钱的不易。这样有利于孩子学会感恩，懂得有节制地花钱。

3.做不虚荣、不攀比的榜样

在我们身边，有些家长买衣服、家具讲究名牌，买手机、买车讲究档次，孩子在潜移默化中就会受到这种不良风气的影响。等到家长发现孩子虚荣、爱攀比时，还不知道原因在哪儿。因此，建议家长们多反思自己，做到不虚荣、不攀比，停止拿自己孩子的身材、相貌、成绩等和别人家的孩子做比较，给孩子做个好榜样。

4.让孩子知道什么是个性

每个人都是与众不同的，就像世界上没有两片相同的树叶。一个人的个性不是靠外在的穿着打扮和另类行为来体现的，而是由内而外散发出来的知识、修养、自信等综合素质所组成的气场来体现的。因此，平时多肯定、表扬孩子，增强其自信；多陪孩子读读书，增强其文化涵养；多注重孩子的品格、礼仪教育，提升其修养比一味地给孩子金钱，让孩子盲目攀比、错误地追求个性有意义得多。

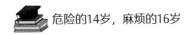

自以为是：自己永远是对的，谁的意见都听不进去

进入青春期后，大多数孩子心理上形成了很强的自我意识和以自我为中心的倾向，表现为对任何事情都非常有主见。这种现象本身是好事，表明孩子开始对自己的事情做主，但如果这种意识太强，孩子总是认为自己是对的，谁的意见都听不进去，那么家长就有必要重视了。

16岁的小郑是一名高二男生，他从小学到中学成绩一直名列前茅，深受老师和父母的欣赏和宠爱。也正因为如此，小郑从小就很有主见，尤其进入青春期后，他更是凡事以自我为中心。为此，引发了不少麻烦，也给他带来了不少困惑。

在学校里，小郑喜欢对其他同学发号施令，尽管他是学习委员，但很多事情并不属于他的职责范围，为此他和班长发生了冲突。班主任事后劝他认清自己的职责，他却认为自己管得没错，死活不肯让步。

在宿舍里，每当大家谈论某个话题时，他都会大肆发表观点，且对于别人的意见不屑一顾，甚至嘲讽别人的观点，为此多次和同学发生言语冲突。

在家里，有些事情父母会给他提建议，但他根本听不进去，还理直气壮地说："我的事情我自己做主，不用你们插手!"父母真拿他没办法。

青春期是孩子自我意识的第二次觉醒期，这一时期的孩子有了接近成人的世界观和价值观，会对外界事物产生独特的看法，他们认为自己有能力处理好自己的事情，不需要父母的建议，甚至认为父母的想法和做法太土。如果父母贸然提出意见，他们会认为这是干涉自己的权利和自由，会非常反感。这种自以为是和以自我为中心的心理还会延伸到学校生活中，延伸到同学交往中，容易导致他们人际交往方面的问题。

其实，青春期孩子出现这种心理是很正常的，他们只不过是站在自己的角度和立场上看问题，看到的是自己的优点，而看不到自己的缺点和别人的优点罢了。因此，这一时期孩子的自我意识带有片面性和盲目性，正如一首古诗说的那样"不识庐山真面目，只缘身在此山中"。父母作为旁观者，自然清楚孩子的真实水平和当下状态，那么怎样引导孩子清醒、客观、全面地认识自我呢?

心理方面：要先与孩子沟通，了解孩子的真实想法，突破孩子的心理防线，走进孩子的内心，再根据孩子的想法加以引导，而不是想当然地批评、指责孩子。

有个中学生向班主任诉苦："老师，我对学习有自己的安排，可是我爸爸妈妈就是不放心，每天只要看到我休闲放松，就来安排我的学习。"

他还讲起最近发生的一件事，因距期中考试只有半个月，爸爸妈妈就轮番在他耳边敲"警钟"。爸爸说："临阵磨枪，不快也光，这半个月你啥也别干，在家好好复习吧!"妈妈说："我们全都是为你好，你明年就要中考了，如果不好好学习，考不上重点高中，那上大学就难了……"

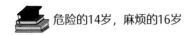

他说："我告诉爸爸妈妈'我有自己的学习计划，不用你们操心'，他们还骂我'你竟然敢顶嘴'，然后指责、奚落我一顿……"

青春期孩子的自我意识很强，父母应该意识到他长大了，想要给他提建议，必须先抓住他的心理。了解孩子的真实想法，针对孩子的不当想法加以引导，这样才可能达到想要的效果。上面案例中的父母，如果能这样问孩子："儿子，距期中考试只有半个月了，你对学习有什么计划吗？"听完孩子的学习计划，先予以肯定，再加以鼓励，如果有建议再来提也不迟，相信孩子也会欣然接受。

姿态方面：切勿以长辈、过来人的身份，摆出一种高高在上的姿态去说教，而要以朋友的身份，语气平和地和孩子沟通。

王女士的女儿还有一年才高考，但谈到将来报考哪所大学时，王女士和女儿有过多次不愉快的争吵。女儿希望到大城市去上学，王女士则希望女儿报考本市的大学。她对女儿说："在本市多好，每周都可以回家，爸爸妈妈可以更好地照顾你！"

女儿则说："我都这么大了，可以自己照顾自己了，你们不用担心我！"

王女士说："你懂什么啊，我吃过的盐都比你吃过的饭多，听我的没错。"

女儿来气了，不耐烦地说："我的事情我做主，不用你管！"

青春期的孩子原本就渴望摆脱对父母的依赖，摆脱父母对自己的控制，真正走向独立。父母要理解青春期孩子的这一心理特征，在引导孩子时务必放低姿态，放平心态，用平和的语气来和孩子沟通，切莫来硬的。假设这位妈妈对女儿说："妈妈怕你将来考到大城市去了，离家太远，我们想你怎么办呢？"或许这样说，效果会好得多。

技巧方面：在引导孩子时要摆事实、提建议，而不能一味地讲大道理，青春期的孩子一般都不喜欢听父母讲大道理。

刘飞是初三年级的学生，他虽然成绩很好，但人际关系很差，原因是他总是瞧不起成绩一般的同学，更不屑于和学习成绩差的同学玩。对于别人的建议和观点，他总是不以为然。

一次，刘飞又在家里抱怨同学的不是，爸爸趁机教导他："儿子，你们班谁的体育最棒？谁的歌唱得好听？谁的管理能力最强？"结果刘飞找出了三个同学，但这三位同学成绩都不如他。这时爸爸说："你看每个人都有优点，别人身上也有值得你学习的地方，你只是学习成绩好一点儿，你不能总是看到自己的长处，而看不到别人的长处和自己的不足啊！"

刘飞听后，无言以对。

对于青春期孩子自以为是的问题，家长在引导孩子时还需以事实为依据，摆明自己的观点，让孩子不得不认同、不得不接受父母的意见。

行为叛逆：抽烟、喝酒、打架……

很多家长反映，孩子进入青春期后开始染上抽烟、喝酒、打架等恶习，对此他们往往持有以下两种态度：

一种态度：认为青春期是孩子的叛逆期，孩子出现这类叛逆行为是正常的，等孩子过了这个年纪就会自己慢慢变好，所以不用担心，不用去管。

另一种态度：认为孩子小小年纪不学好，对此感到特别紧张，于是痛批孩子，强行管教、纠正孩子的恶习，不断地唠叨、指责孩子。

这两种处理方式都是不可取的。前者是一种放任不管的态度；后者是一种高压的态度，其实父母表现得过于紧张，会让孩子感到窒息，很容易把孩子逼向"宁死不悔改"的死胡同，让孩子在错误的道路上越走越远。

其实，对于青春期孩子抽烟、喝酒、打架等行为，家长最需要做的是去了解行为背后的原因，搞清楚孩子为什么要这样，而不是斥责、打骂孩子，胡乱给孩子贴标签。研究发现，孩子抽烟、喝酒、打架的原因不外乎以下几点：

原因1：孩子用抽烟、喝酒、打架等行为向外界宣告：我长大了

因为在一些孩子的观念和认知里，成年人才能自由地吞云吐雾、才能尽情地推杯换盏、才能用拳头解决自己看不惯的人。于是他们也这么做，无非是向外界宣告：我长大了。

原因2：孩子用抽烟、喝酒、打架等行为表达个性，认为这样很酷

青春期孩子都渴望得到爱和关注，如果没有人关注他，他就会用特别的方式寻求别人的关注。反之，一个得到了满满的爱和关注的孩子，是不会用这种方式表达自己的。

原因3：青春期孩子容易被同伴影响

青春期孩子非常渴望融入群体，为了获得群体归属感，为了在群体中有一个自己的位置，为了得到群体的尊重，他们会做出与这个群体相符的行为，于是"同伴抽烟我跟着抽烟，同伴喝酒我跟着喝酒，同伴打架的时候我也不能怂，必须上。"其实抽烟的时候嘴巴是苦的、鼻子是呛的，喝酒的时候舌头是辣的、脑袋是晕的，打架的时候内心是坚张而恐慌的，这些都不是什么让人感到舒适的行为，孩子之所以这样做只不过是为了获得群体的归属感。

原因4：遭遇打击或情绪压抑太久

青春期孩子抽烟、喝酒、打架还有两种可能：要么是遇到了较大的挫折，遭遇了较大的打击；要么是负面情绪压抑太久，无处释放，于是通过抽烟来安抚自己，通过喝酒来麻醉自己，通过打架来释放自己。

了解清楚青春期孩子抽烟、喝酒、打架的原因之后，我们要做的是用正确的态度来面对孩子的行为，用正确的方法来引导孩子。

1.反思自己，回看自己

长期从事犯罪心理和青少年心理问题研究的李玫瑾教授说过："孩子的问题都是成年人造成的。"因为孩子对待社会的方式带有父母深深的烙印，生活在有"家暴"倾向的家庭中，孩子往往相信拳头是解决问题的好办法。因此，当孩子出现抽烟、喝酒、打架等行为时，家长有必要反思自己，回看自己：是不是我经常在家里抽烟、喝酒？是不是我在家里有暴力行为（包括语言暴力）？是不是出现过打骂孩子的情况？如果有这些情况，那么家长要尽量改掉或减少这类行为出现的频率，尽量切断"污染源"，净化孩子成长的环境。

2.关注孩子的内心世界

当然，有些家长为人忠厚老实，不抽烟、不喝酒，也没有暴力行为，孩子也可能出现抽烟、喝酒、打架等行为。从心理学上讲，这是一个人长期受到压抑而做出的反抗行为，或受到不健康影视剧、书籍，以及不良社会风气影响的结果。再比如，夫妻关系不和谐甚至离异，家庭关系不和睦，不是冷战就是吵架，孩子长期生活在这种家庭环境中，身心备受煎熬，情绪非常压抑。还有一些父母和孩子关系不好，动不动就批评、指责孩子，从来不肯定、鼓励孩子，因此亲子关系冲突不断。在这样的家庭里，孩子也很容易出现叛逆行为。因此，家长需进一步与孩子沟通，真正关注孩子的内心世界。

3.帮孩子树立正确的荣辱观

当孩子萌生"成人意识"，想通过抽烟、喝酒、打架显示自己是"成人"时，家长首先要唤醒孩子的羞耻意识，帮他树立正确的荣辱观。要告诉孩子青少年的行为准则，让孩子知道什么是美，什么是丑，什么是荣，什么是辱，引导孩子做符合社会规范的事情，做与年龄相符的事情。

4.唤醒孩子的责任意识

家长有必要告诉孩子："抽烟、喝酒是对自己的健康不负责；打架伤人，是对别人生命的不负责，也是对自己及家庭的不负责。因为如果打伤别人，还得由父母来支付医疗、赔偿等费用。如果被别人打伤了，痛苦的是自己和家人。"建议家长在孩子生日的时候，召集全家亲友，举办一个仪式，宣告孩子长大成人，鼓励孩子做个有责任、有担当的人。在平时生活中，经常邀请孩子参加家庭会议，认真听取孩子的意见，共同讨论形成决议，这样可以培养孩子的责任感。

5.教孩子排解情绪的方法

青春期孩子出现叛逆行为的重要原因之一是情绪压抑太久、压力太大，无处释放。对此，建议家长定期陪孩子参加一些活动，如远足、跑步、爬山、踢球、游泳、野炊等，这些活动可以帮孩子放松紧绷的神经，排解内心的压抑。

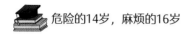

做事极端：一言不合就跳河、跳楼，离家出走

我们先来看两个案例：

（一）

2019年4月17日晚上10点左右，一辆白色轿车开着双闪，停在上海卢浦大桥上。一名女子下车，对着小车的后排说了些什么，随即上车准备驾车离去，就在这时一个男孩突然从后排下车，迅速爬过桥边护栏，纵身跳入黄浦江。

事情发生后，路人立即停车拨打救援电话，但为时已晚。男孩被打捞上来时，早已失去生命体征。男孩的母亲称，儿子在学校与同学发生矛盾，她在车里对儿子进行批评，没想到导致了悲剧的发生。

（二）

2021年10月的一天，赵女士像往常一样去上班，来到公司后看见几个同事聚在一起议论什么，她凑过去一听才知道，原来他们在议论前一天晚上某小区一名中学生跳楼的事。

有位同事说，她和那个跳楼的孩子住同一栋楼，孩子名叫晓飞，刚上初一，爱笑、懂礼貌,有时在电梯里碰到他,他会主动跟同乘电梯的人打招呼,有时还会帮大爷大妈按楼层按钮,帮他们提一些重东西。

为了让孩子变得更优秀,父母给晓飞报了课外辅导班,辅导班每天以网课的形式进行授课。晓飞坐在电脑前学习网课的时候,屁股在椅子上动来动去。晓飞妈妈在旁边不停地唠叨:"一定要好好学习,要不钱白掏了。"本来晓飞因不能出去玩而闷闷不乐,偏偏妈妈没完没了地唠叨他。

这不,授课结束后做练习题,晓飞有几道题不会做,妈妈就抓住了这个把柄,冷嘲热讽道:"我以为你多有能耐呢?刚才学习心不在焉,我以为你都学会了呢!现在怎么不逞能了?"

这番话让晓飞恼羞成怒,和妈妈大吵起来。可妈妈不但不妥协,反而变本加厉地羞辱他:"有本事就把题目做出来?要不然以后就给我乖乖听讲!"吵着吵着,晓飞转身摔门而出,上了楼层的顶楼。妈妈并未在意,以为晓飞一会儿就能回来。可是她并未等到晓飞回来,等到的是邻居急促的敲门声……

看到类似的青春期孩子轻生的案例后,作为家长的你有什么感想呢?是不是觉得现在的孩子内心太脆弱,心理承受力太差?禁不得说,听不进劝,稍微批评、训斥几句就要"反目成仇"?不是跳楼就是跳河,要么离家出走,仿佛父母才是他们最大的敌人,唯有用这种极端的方式才能报复父母,一解心头之恨?

另外,当悲剧发生后,很多人忍不住追问:孩子为什么那么脆弱?为什么那么傻?为什么那么冲动?殊不知,悲剧的发生并不是毫无缘由的。

试问:有多少父母懂得尊重孩子?

其实很多时候,父母如果懂得把孩子当成具有独立人格的人,真正地尊重孩子,就能够避免悲剧的发生。然而,现实又是怎样的情景呢?

父母认为"我是你父母,我生你养你,我都是为你好,才会打你、骂你、批评你！"但是他们不懂得批评也要看场合、讲时机。对孩子来说，"父母当众批评、打骂我，不是为我好，而是在羞辱我，让我在同学们面前没有一丁点儿面子。既然你让我没面子，那我什么也不顾了，和你鱼死网破，两败俱伤。"

家长们，我们成年人是不是也爱面子、也有自尊呢？难道孩子不是一样吗？特别是青春期的孩子，他们渴望独立、内心敏感，认为自己已经长大，这个时候他们的叛逆心、自尊心都达到了顶峰，你不尊重他，不给他面子，他就不顾及后果。就像作家毕淑敏曾经说的那句话："孩子的成长，首先是从父母的瞳孔中确认自己的存在。如果连最亲的人，都不顾你的尊严，否定你的价值，那么孩子就无法看到自己存在的意义。"

所以，千万不要低估一个孩子对自尊心的保护，更不要小瞧一个孩子对体面人生的捍卫。青春期的孩子，比成年人更需要尊严，更需要尊重和爱护。因此，父母要懂得放低姿态，去理解他们的内心，去爱护他们的脸面和自尊，陪他们一起面对困难、化解烦恼。

当孩子犯错、失意时，要把他当成一个孩子来看，试问哪个孩子不犯错？不犯错的孩子又怎么成长呢？孩子的认知水平有限、自控力不足，这些都需要他在不断犯错中慢慢学习、慢慢成长。所以，不要急着指责、打骂他，而要懂得换位思考，给他一个解释的机会，认真聆听孩子的心里话。当孩子感受到被理解、被接纳、被爱时，他怎么会去做跳江、跳楼的傻事呢？

当你想批评孩子的时候，请记得把孩子当作成年人来看。站在一个成年人的角度，用平等的视角和尊重的姿态，想想你要说的话，怎么说才不会伤害他的自尊心。因为孩子也是人，被责骂时会伤心，不被尊重时会愤怒，受委屈了会有恨意。当你把孩子当作成年人来批评时，批评就不会那么伤人了。

最后，要提醒大家的是："世界上没有哪个孩子想自杀，只有让孩子想自杀的家庭教育。"还有一句，对家长也非常有警示意义："我们的一些父母，如果能拿出和同龄人交际的三成态度来对待孩子，很多悲剧都不会发生。"

第 2 章

青春期的大脑正在经历战争

人类大脑的成熟需要经历一个复杂的、不断发展的过程，大脑各部分的发育时间有先后顺序。对于青春期的孩子来说，由于大脑各部分发育不均衡，就造成了他们经常处于理智与情感的冲突中。大脑内的这种冲突简直就像一场场战争，因此青春期的孩子更容易冲动、情绪化。

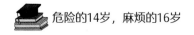

惊人的研究结论：青春期大脑会继续发育

很多家长认为，一个人生命开始的前几年，是其大脑发育最重要的阶段，伴随着青春期急剧变化的生理发育，大脑发育也会趋于成熟。正因为有这种认知，家长们才会对青春期孩子怀有较高的期望，认为他们应该像成年人一样成熟、理智，可实际情况却让家长们大失所望。网上曾流传着这样一个例子，我们来看一下。

在一个家长群里，大家在抱怨青春期的孩子，其中有个家长爆出青春期孩子之间进行的一项特殊比赛——"谁最作死"。为了获得比赛胜利，这些孩子可谓脑洞大开：

有的孩子把学校的消防栓拆掉了。

有的孩子把老师办公桌上的东西偷走了。

还有三个男孩在洗手间"发粪涂墙"（把大便涂到墙壁上），而且拍下视频，发到了朋友圈。

这些行为让家长们目瞪口呆、难以置信，而这的的确确就是青春期的孩子干的。

科学研究表明，孩子进入青春期后，大脑会继续发育。这会促进孩子的认知能力不断提高，使他们在感知情绪、思考问题和解决问题等方面与成年人趋于接近，甚至与成年人无异。

然而，大家有所不知，青春期孩子大脑的前额叶尚未发育完全，而前额叶负责认知、情绪、疼痛和行为管理，简单来说就是负责控制人的情绪，如果这一区域发育不完善，将会影响一个人的行为和情绪控制能力。

近年来，随着科技水平的不断提高，科学家对大脑的探索进入了新的阶段，比如运用磁共振成像（MRI）技术，可以探究不同年龄人类大脑的内部情况，并记录下大脑结构和功能的变化，这从根本上颠覆了人们以往对人脑发育的观念，即人脑的发育并不是在幼儿阶段就结束，相反大脑会继续发育并贯穿整个青春期，一直到20多岁。

费城坦普尔大学的心理学家劳伦斯·斯坦伯格曾在一份国际研究出版物中称："尽管人们在16岁左右的时候认知能力就趋于成熟，但情感成熟通常要延续到18岁以后，完全成熟要到22岁左右。"因此，面对突发事件时，成年人能够做到隐忍、克制，理智应对，而青春期的孩子则往往容易意气用事。

这就是为什么青春期孩子离家出走、跳楼、跳河等事件屡屡发生，且背后的原因往往不值一提——可能只是被父母、老师批评了几句，扇了耳光，甚至是被唠叨了几句，他们冲动之下就能做出这些极端的事情。很多家长对此疑惑不解，认为现在的孩子心理太脆弱，其实根源在于青春期孩子大脑的前额叶皮层发育尚不成熟。

有人曾经这样对比成年人与青春期的孩子："成年人活得久了，活得圆润了，知道很多事情忍一时就过去了，但青春期孩子不是这样想的，在他们的世界，一旦怒火中烧、一旦恨从心头起，就是活一口气。这口气，你给我的，我会还给你。"

一个成年人在工作中犯了错，被领导当众批评，甚至被威胁"不想干就滚"时，他往往会想想老婆孩子，想想养家糊口不易，然后抑制住内心的委屈和耻辱，自嘲一下，很快就会从负面情绪中脱离出来，接着工作。而一个青春期的孩子，面对内心的委屈和耻辱时，应对方式是截然不同的。由于大脑前额叶发育尚不完全，他很可能无法抑制住脑海中的冲动，从而做出过激的行为。

因此，当你以后再看到青春期的孩子任性、冲动、情绪化时，请不要苛责、痛斥他们，这不过是因为他们的大脑还在持续发育中，只有八分熟。请耐心等待他们成长，给他们时间，相信有一天他们会真正成熟、理智起来。

青少年情绪反应激烈有生理基础

前几天，闺蜜打电话跟当老师的黄女士诉苦，说她儿子最近一段时间特别叛逆，不让他干的事情，他偏要干，而且还说不得，稍微多说几句，孩子就会发脾气、摔东西。有时候和孩子聊天，前一秒还聊得很愉快，下一秒孩子就有可能莫名其妙发脾气。对此，闺蜜很苦恼，不知道问题出在哪里，也不知道该怎样应对。

生活中，这种情况其实很常见，很多进入青春期的孩子，情绪起伏大、反应激烈。这一时期，孩子最容易出现四种情绪：

情绪1：愤怒

很多进入青春期的孩子，会出现和同学闹别扭、顶撞父母和老师、跟兄弟姐妹争吵等情况，特别是当愿望没有被满足、行动受到限制时，他们很容易产生愤怒的情绪。比如，孩子想买手机父母不答应，孩子可能会大吼大叫、大哭大闹，或摔东西、离家出走。

情绪2：忧郁沮丧

当青春期孩子被误解、被忽视，或感受不到被爱和关心，或觉得没有受到应

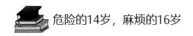

有的尊重时，容易产生忧郁、沮丧的情绪。

情绪3：恐惧、害怕

青春期孩子经常担心被嘲笑、被批评，害怕被群体孤立、冷落，尤其是当自己内心的恐惧被发现时，他们的反应会比较激烈。

情绪4：羞愧

青春期的孩子经常给人"自负""任性""以自我为中心"的印象，但实际上他们有时候是自卑的，无法接受"丢脸"或"出丑"的感觉，因为他们特别在意周围人的眼光和评价。因此，当他们言行上犯了错、表现不如别人或未达成目标时，容易产生羞愧的情绪。

以上四种情绪就像音符，经常交替出现或混合在一起，演奏出青春跳跃的旋律。这也是很多家长认为青春期孩子心思复杂、情绪敏感、反应激烈、难以捉摸的重要原因。

那么，青春期的孩子究竟为什么情绪反应激烈呢？这其实是有生理基础的。

我们的大脑中都有一个"杏仁核"，它是产生情绪、识别情绪和调节情绪的脑部组织。所以，一个人的情绪冲动主要来源于"杏仁核"，而控制情绪的脑部组织主要是前额叶。如果说杏仁核是一辆车的油门，那么前额叶就是一辆车的刹车系统，只有当两者相互配合时，我们的情绪才能处于稳定、平衡的状态。

然而，前面我们讲过，根据最新的科学研究结论——额叶是大脑最晚成熟的区域，在前额叶尚未发育成熟、其功能尚不能完全发挥之前，掌控情绪反应的杏仁核就可以"为所欲为"了。另外，处于青春期的孩子，各种激素分泌旺盛，这会造成青春期的孩子情绪更加不稳定、遇事反应更激烈。看到这里，我们也就容易理解，为什么青春期的孩子喜欢顶嘴、容易冲动、爱发脾气了。

值得注意的是，在情绪反应方面，青春期男孩和青春期女孩的情绪反应激烈程度差别非常大。科学研究发现：男孩大脑中掌控情绪反应的杏仁核比女孩大脑中的杏仁核大，这就能够充分解释为什么青春期男孩更容易愤怒、冲动，容易表现出暴力倾向了。而女孩大脑中掌控与情绪相关活动的区域，由杏仁核延伸到了掌管整个语言表达的大脑皮质上，因此女孩相比于男孩更善于表达感觉、感受。

当然，青春期的孩子之所以情绪反应激烈，还有以下三方面的原因：

原因1：生理变化引起的烦恼和恐慌

进入青春期的孩子，生理上会发生一些显著的变化，男孩会长喉结、长胡子、嗓音变得沙哑、会有遗精现象；女孩胸部发育、月经来潮……这些变化既会让孩子们感到惊喜，也会带给他们不适、困惑、烦恼和恐慌，比如男孩对遗精会感到紧张，女孩月经初潮时会肚子疼，会不知所措。还有一些孩子，由于对青春期生理正常发育不了解，见身体发生变化，会胡思乱想，担心自己生病了。这些都会使孩子的心情变得烦恼，甚至恐慌，这会加剧他们的情绪反应。

原因2：心理上既渴望摆脱依赖又感到迷茫

伴随着青春期生理上的变化，孩子的心理也会出现变化。一方面，孩子觉得自己已经是个大人了，不想事事跟爸爸妈妈说，不想事事依赖爸爸妈妈。但由于独立能力、自理能力有限，又不能完全脱离对父母的依赖，这让他们感到矛盾、迷茫，情绪上也会多一些起伏和变化。

原因3：性意识萌芽引起的关注异性、接近异性的渴望

伴随着性意识的萌发，青春期的孩子会对身边的异性产生好感，渴望靠近对方，同时也渴望被对方关注。但由于学校的规定和老师、家长的教育，加上本身的羞涩，他们又不好意思主动接近异性。在这种情况下，孩子只好压抑内心的欲望，因此会加剧情绪烦躁。

青春期是孩子必经的成长阶段，尽管这一时期的孩子情绪波动大、反应激烈是必然现象，但是为了孩子心理健康、快乐成长，家长还是有必要设法减少或避免这种情况发生。

首先，家长要主动了解、学习青春期生理、心理健康知识，懂得怎样正确地引导孩子。

其次，对孩子要有一颗忍耐和包容之心，无条件地爱孩子，切不可说出类似的"你要是不听话，爸爸（妈妈）就不管了""你再不听话，我就当没你这个孩子"。

再者，努力营造和谐温馨的家庭氛围，正确处理夫妻关系，处理好自身的矛盾，不要把夫妻矛盾和工作中的不愉快带到孩子身边，以免对孩子造成负面影响。

最后，如果你对孩子出现的情绪问题束手无策，不妨向专业的心理咨询机构寻求帮助。

为什么青春期的孩子做事不过脑子？

2021年1月16日晚，东莞市某小区上演了一出"谍中谍"：

一名12岁男孩因与妈妈吵架，导致情绪过激，竟把自己反锁在房内，然后模仿电影中的情节，把窗帘、床单、被罩打结成绳子，试图从12楼翻窗溜下去，来一场神不知鬼不觉的"消失"。

怎料窗帘、床单、被罩的长度有限，孩子被困在第10层楼的空调外机处，上下不得。幸好有人发现了他，立即拨打了报警电话，他才被消防人员及时救下，避免了一场悲剧。

让人哭笑不得的是，被救下来的男孩脾气很倔强，宁可待在消防队，也不愿意跟父母回家。

看完这个案例，你是否也为这个男孩的冲动、鲁莽而感到不可思议？为什么他会做出那样愚蠢的行为？其实，这与青春期孩子特有的生理特征有关，有研究表明：青春期孩子的大脑中多巴胺回路会变得异常活跃，而多巴胺的增加和活跃会加剧孩子的冲动，一旦情绪过激、行为冲动，孩子做事便只图一时之快而不计后果。这就是为什么青春期的孩子易怒、易冲动、做事不过脑子。

研究还发现，由于大脑中抑制冲动的前额叶在青春期尚未发育完全，因此青春期孩子的自我控制能力有限。在这种情况下，孩子很容易受到自身冲动情绪和外界的影响，从而做出极不理智的行为。很多时候，这些行为看似是一种冒险精神的体现，实际上是做事不过脑子的表现。

课间时分，某中学一群男孩站在教学楼二楼的走廊上，聊着近期热播的一部武侠片中的动作情节，当大家聊到片中哪位大侠的功夫厉害时，都纷纷赞扬片中的主角轻功了得，能够"水上漂"，还可以轻松从楼上跳下。

可有一位男孩不屑地说："那有什么了不起，电视里都是特效，我可是有真轻功！"

其他同学马上起哄道："吹什么牛，如果你真有轻功，那就展示一下！"

男孩说："我能从二楼跳下去而且毫发无损，信不信？如果我做到了，你们都喊我大侠怎么样？"

"一言为定！"大家异口同声地答道。

于是那个男孩当即翻过楼道护栏，纵深一跃跳了下去，结果，双腿严重骨折。

爱冒险、爱表现是青春期男孩的天性，但从二楼跳下去，这种行为远不是冒险那么简单，这完全就是做事不过脑子的冲动行为。华东交通大学心理咨询中心的一位主任说过："青春期前后的孩子，神经系统的兴奋过程和抑制过程虽然都有发展，但兴奋过程仍占优势，所以孩子出现冲动行为是很正常的。"因为孩子体内的能量需要宣泄，情绪需要释放，一些奇思妙想也需要去体验。但不过脑的冲动行为，往往会使孩子受到伤害。

那么，怎样才能防止青春期孩子做事不过脑子而发生意外呢？

1.理解并认同孩子的表现欲

表现欲是人们渴望在众人面前展示自己能力的一种欲望，而青春期的孩子表现欲尤为强烈，有时他们是为了引起别人的注意，有时是为了满足自己的虚荣心，有时是为了用不同寻常的行动来提高自己的知名度。

对此，父母要告诉孩子："像你这么大的孩子，喜欢表现是正常的，但表现自己不能冲动鲁莽，不能超出安全范围，否则那就是愚蠢。"父母可以把上面那个"跳楼"的案例讲给孩子听，让孩子明白表现欲和愚蠢是有本质不同的。用这种现实的例子教育孩子，更容易让孩子信服。错误的做法是，打击孩子的表现欲，否定孩子的能力，斥责孩子的行为太鲁莽、没脑子。越是这样，孩子可能越逆反，越容易做出过激的行为。

2.提高孩子的自我认知能力

青春期的孩子之所以做事不过脑子，是因为他们的自我认知能力有限，对自己的能力了解还不全面，所以他们不能准确预估自己行为的后果。当他们情绪高涨时，就认为自己已经长大了，会被自大的情绪冲昏头脑，从而高估自己的能力，对行为的后果过于乐观。所以，要设法提高孩子的自我认知能力，这对孩子克服过激的冒险精神尤为重要。父母可以直接告诉孩子什么是可以做的，什么是不可以做的，并用科学道理消除他们的盲目，当然，也可以用真实案例来警示孩子。

3.用行为后果来提醒孩子

对于孩子跃跃欲试的行为，比如摔东西、离家出走、跳楼等行为，父母不必大动肝火，一定要冷静下来，用行为后果来提醒孩子：

"离家出走是很潇洒，可你孤身在外，饿了吃什么？渴了喝什么？晚上睡哪儿？你想一想，是在家里舒服，还是在外面舒服？"

"纵身一跳是很简单，可跳下之后，可能会受伤导致终身残疾，躺在床上度过一生，而你的同学们开心地上学、运动、交友，你不羡慕吗？"

"摔东西、砸东西是很解气，可砸坏了还要花钱买，还可能砸伤你自己的手，受伤了疼的是你自己，你说犯得着吗？"

当父母能够冷静地提醒孩子去思考其行为的后果时，无异于给情绪冲动的孩子泼了一盆冷水，能够让孩子尽快冷静、理智下来。当然，在提醒孩子思考行为后果时，千万别冷嘲热讽，别说风凉话，否则很容易进一步激怒孩子，导致事情无法收场。

为什么14~17岁的孩子最容易以身犯险

青春期的孩子生理和心理发育都不成熟，社会经验不够丰富，价值观也没有定型。因此，相对而言，他们将面临更多的诱惑和危险。比如抽烟、酗酒、打架、吸毒，等等。加上14~17岁是孩子最容易以身犯险的年龄段，如果父母不善加引导，孩子可能会惹出很多麻烦。

那么，到底是什么促使14~17岁的孩子不计后果地去冒险呢？

心理学家发现，这一年龄段的孩子在认识和面对风险的方式上与成年人并没有太大的差异，相反他们甚至经常会高估风险，但他们权衡风险和回报的思维方式与成年人不一样。在他们的思维里，冒险能让自己获得想要的东西，比如同伴羡慕的眼神、赞许的评价，他们会更看重回报，从而忽略可能的风险。

关于这一点，从美国心理学家劳伦斯·斯坦伯格曾做的一个游戏中得到了很好的证实。他将一群受试者带到实验室，让他们玩一项模拟开车的电子游戏，以最短时间开车穿过小镇，在接近路口时，可能绿灯刚好变成黄灯，这时受试者必须快速决定是冲过去还是停下来等待。如果冲过去，只要确保不闯红灯，会节省很多时间，获得很高的得分，但如果闯了红灯，损失比停下来等待更大。

显然，这个游戏既鼓励冒险，又惩罚过度冒险，就看受试者怎么权衡利弊。实验结果发现，如果是青春期孩子一个人玩这项驾车游戏，他们和成年人冒险的程度相差不大，但如果旁边有一群同伴观看，他们冒险的概率会增加一倍。而成年人即使有同伴看着玩这项游戏，其驾车行为也几乎没有发生变化。可见，同伴对青春期孩子的决策和行为产生很大的影响。这一点在下面的案例中得到了体现。

国外曾有一个青春期的男孩和同学打赌，活吞蛞蝓。蛞蝓别名鼻涕虫，是一种软体动物，浑身长满了寄生虫。结果，男孩吞下蛞蝓后不幸感染了寄生虫病，后来全身瘫痪，几年后因多种并发症不治而身亡。

在青春期之前，孩子最在意与父母之间的依恋关系。进入青春期后，孩子最在意的是同伴关系，但同伴关系也会带来同伴压力。所谓同伴压力，是指因为渴望被同伴接纳和肯定，避免被同伴排挤，而选择按照同伴规定的规则行事所产生的一种心理压力。比如，同学、朋友之间要做同样的事，说同样的话，穿同样风格的衣服，遵循同样的规则。这就是为什么同伴都穿名牌时，他们也要穿名牌；同伴抽烟、喝酒的时候，他们也跟着学；同伴打架斗殴，他们也会硬着头皮上；在遭到同伴质疑、激将时，他们迫切地想证明自己，哪怕自己不愿意那样做，哪怕那样做有危险，他们也会跃跃欲试，因为他们不想成为同伴眼中的"怂包"。

曾有一项调查指出：美国近50%的青少年死亡事件是由冒险行为所致，比如酗酒、吸毒、危险驾驶、暴力冲突等。这种现象在我国也较为普遍。事实证明，青春期的孩子之所以热衷于各类冒险，往往是受到了同伴的影响。

除了容易受同伴、受人际关系的影响导致以身犯险，促使14~17岁孩子不计后果地去冒险，还有以下三方面的原因：

首先，与其他年龄段相比，14~17岁的大脑很容易情绪化。

进入青春期后，孩子的大脑边缘系统会变得活跃，各种情绪的跌宕起伏会影响他们的内在感受和行为决策，他们开始用更复杂的方式整理、加工所接收的信息。有这样一个有趣的实验：让青春期的孩子看一张没有表情的面部照片，他们大脑的边缘系统、杏仁核（负责恐惧情绪）大部分区域会被激活，而当成年人看同样的照片时，只有前额叶（负责理性）会被激活。

对青春期孩子的研究显示，即使在平静的情况下，他们的大脑也更容易快速激活杏仁核，这意味着他们的大脑更容易爆发出强烈的情绪。这就很好地解释了为什么一句毫无恶意的话，一次无意的肢体碰撞，在青春期孩子看来却是咄咄逼人的、是故意的，并且会引发他们激烈的情绪反应。

从神经科学的角度来解释，青春期孩子的心理变化并没有那么高深莫测，他们只是在两套神经和心理系统的相互作用下做出各种行为。一套系统与情绪、动机有关，涉及大脑的奖赏区域。这一机制会把青春期孩子从乖巧平和的小孩，变成精力旺盛、情绪激烈的不安分少年，使他们渴望实现每一个目标、满足每一个欲望、体验每一种感受。另一套系统是控制系统，主要作用是疏导并控制孩子体内的能量，尤其是前额叶皮层，它是一个抑制冲动、指导决策、鼓励长期规划并延迟满足的系统，它驱使着孩子不断去学习，不断地在一次次试错中总结经验，更理智地决策。这两种系统在某种程度上也是鼓励孩子去尝试、去试错、去冒险的。

其次，14~17岁孩子的大脑，多巴胺回路更活跃。

多巴胺是大脑中含量最丰富的儿茶酚胺类神经递质，起着调控中枢神经系统的多种生理功能的作用，能够产生追求奖赏的驱动力，使青春期孩子容易被新奇的、刺激的体验所吸引。

研究发现，青春期多巴胺的基线水平较低，但受到刺激后基线水平会迅速升高。这就解释了为什么青春期的孩子经常说无聊，但只要有刺激性的冒险活动，又马上会精神亢奋、斗志昂扬、乐此不疲。从这个角度来看，多巴胺是孩子体内的驱动力，驱使孩子对这个世界产生兴奋感和好奇心，驱使他们去探索、去冒险，去寻找自己在这个世界上的位置。

再者，青春期叛逆心理会促使孩子去尝试创造性探索。

进入青春期后，随着前额叶的发育，孩子的大脑开始以概念性的、抽象的方式来思考问题。随着意识能力的增强和知识的增多，他们开始尝试质疑现状、打破常规，以自己的方式进行创造性探索。这就是很多家长眼中的"青春期叛逆"。

对家长而言，孩子的叛逆意味着自己的权威受到了挑战，意味着他们不再是孩子心中的英雄。对孩子来说，这也是一种痛苦的领悟，因为他们发现自己崇拜的英雄不过是凡胎肉身，幻想中的美好世界原来千疮百孔。也许正是看清了现实，他们才会积极进行创造性探索，哪怕做出冒险的行为，也要证明自己、开创自己的世界。

激素的变化，让孩子格外重视别人的看法

（一）

一名初二女生因身材肥胖被同学笑话，于是决定减肥。怎么减肥呢？她选择节食、催吐。由于频繁催吐，导致女孩食道严重受损，继而出现脱发、月经不调等现象。最终，女孩被医生诊断为患有进食障碍，只能休学回家，进行治疗、调养身体。

（二）

小涛原本是一个非常开朗爱笑的男孩，但最近一周里，老师每次遇到小涛，小涛都不再像以前那样热情地笑着跟他打招呼，而是抿着嘴巴，害羞一笑。后来老师从小涛妈妈那里得知，原来是因为小涛掉了一颗门牙，班里同学笑话他是个"老大爷"，这才导致他抿着嘴巴，不爱跟人打招呼，主要是害怕露出难看的牙齿。

以上两个案例充分反映了青春期孩子的特殊心理——格外重视别人的看法。有些事情在成年人看来没什么大不了，比如身材肥胖、龅牙、缺牙、长痘痘等，

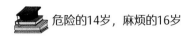

但是在青春期孩子的眼中，这些可能会成为压垮骆驼的最后一根稻草。其实，这跟青春期激素的变化有很大关系。

由于青春期激素分泌旺盛，孩子的自我意识会在青春期早期逐渐增强，到了15岁左右达到顶峰，然后下降。伴随着自我意识的增强，孩子的社会情绪系统也会被唤醒，为此孩子认为自己才是众人关注的焦点，极度重视自己在大家心目中的形象。为了维护自我形象，也为了让同伴认可自己、羡慕自己、高看自己，很多青春期的孩子会迎合周围人的想法，甚至不惜冒险证明自己。

有些家长可能存在这样的疑问：为什么同样是青春期的孩子，有些孩子不在意或不那么在意别人的看法，我的孩子却特别在意别人的看法呢？这种个体间的差异，可能是由于孩子的自尊心、虚荣心太强导致的。

每个人都有自尊心，但是自尊心太强的孩子往往过分重视别人对自己的评价，并且特别爱面子，甚至错误地认为别人评价自己好，自己就有面子，别人评价自己不好，自己就没面子，于是就非常生气。还有喜欢虚荣攀比的孩子，特别在意口舌之争和表面上的输赢，也容易被别人的只言片语影响。

对于孩子重视别人看法的心理，身为父母的我们该怎样教育和引导呢？

1.尊重并理解孩子特殊时期的心理

当孩子因别人不好的评价伤心哭泣时，当孩子因别人的看法决定改变自己时，父母即便不能对孩子的无助和崩溃感同身受，至少也应该做到尊重与理解。因为孩子内心是痛苦的，父母不妨站在孩子的角度体谅孩子的遭遇，然后给孩子拥抱和安慰。

2.告诉孩子太在意他人看法的危害

成年人大都知道太在意他人看法的危害，比如影响自己的心情和决策，影响自己的信心和积极性，还可能导致自己形成讨好型人格等，可是青春期的孩子并不明白这些道理，因此父母有必要告诉孩子。

一位父亲给儿子讲楚霸王项羽乌江自刎的故事：

项羽兵败后来到乌江边，当时有忠士提议项羽过江东，将来卷土重来，如同杜牧在《题乌江亭》中写的那样："胜败兵家事不期，包羞忍耻是男儿。江东子弟多才俊，卷土重来未可知。"可项羽却表示"无颜见江东父老"，结果在乌江边自刎。

故事讲完，父亲问儿子："如果项羽放下一时的傲气，不受他人看法的影响，渡过乌江，历史会不会有所改变呢？"

通过讲故事的方式，父亲让儿子明白太在意别人看法的危害，这种教育方式值得大家学习。

父母还需提醒孩子："不能过于抬高别人的看法而贬低自己，不要听见不好的评价就认为自己不好，是自己的问题，还要思考别人的评价是否客观、理性。因为有时候别人也许只是随口一说，或胡乱评价，甚至是恶意评价。所以，对于别人的评价我们没必要那么在意。"

3.让孩子明白自己是独一无二的人

面对太过于在意别人看法而失去自我的事实，父母有必要让孩子看到自己的闪光点，明白自己是独一无二的人。首先，要多关注孩子的优点，并及时给予积极的肯定和赞扬，告诉孩子："世界上没有两片相同的树叶，你是独一无二的，你是爸爸妈妈心中最好的。"以此强化孩子的自信心；其次，要经常告诉孩子："你无需讨好别人，你不需要活在别人的看法中。因为世界上很多人与你无关，你只需走好自己的路，至于别人说什么，随他去吧！"

4.引导孩子理性、客观地评价自己

当孩子在乎别人的看法时，父母不要急着批评孩子，而要先问孩子一个问题："别人的评价和看法客观吗？"为此，父母要引导孩子理性、客观地评价自

己、认清自己，如此孩子才不会轻易被别人的评价左右。当孩子清醒地认识自己时，对于别人的评价，他才能做到有选择地听取，对于合理的评价，要进行反思、自我检讨、改进自我，对于不合理的评价，选择遗忘和忽视，不让它影响自己。

脑科学研究：青春期是重塑大脑的最好阶段

很多父母不曾想到：原来乖巧可爱的天使宝宝，进入青春期后，却变成了面目狰狞的"魔鬼"——

他不听话，喜欢和你唱反调；

你多说几句他就跟你急，公然跟你吵架；

你问他学校里的事情，他心情好时会说，心情不好时懒得理你；

他动不动把自己关在房间，如果你去敲门，他会表现得很不耐烦；

他喜欢跟同龄人"厮混"在一起，如果你提醒他不要乱交朋友，他可能反驳一句"不要你管！"

……

青春期是最特别的年龄段，是孩子一生中的"多事之秋"，它似乎总是和叛逆、对抗、冲动、情绪化联系在一起，让做父母的一下子不知道该如何与孩子相处。但即便如此，父母也不得不承认——各种叛逆行为都是青春期孩子正常的变化和行为现象，他们并不是真想和父母作对，这一切只不过是他们身体和大脑发育所导致的。

科学研究发现，青春期孩子的大脑和成年人不同。成年人的大脑已经发育成熟，但青春期孩子的大脑只有"八分熟"，然而剩下的20%却非常关键，比如前额叶发育不成熟，将会影响孩子的情绪控制能力。

美国心理学家劳伦斯·斯坦伯格认为，青春期是孩子大脑发育的"第二个关键窗口"。这个阶段大脑的可塑性之强，堪比孩子出生后的前3年。这一时期伴随着生理发育，孩子大脑的结构、性器官、体内的各种激素都在发生改变，每一个改变都会引发青春期思维、感知、互动及决策方式的改变。值得注意的是，青春期大脑的发育不再是"生长"，而是"重组"，即大脑灰质与白质之间正在经历多种结构性变化、重组以及布线升级。

换句话说，青春期孩子的脑子里有很多个作战小分队，都可以单独打仗，但指挥中心还没造好，各个分队之间的协作性有待提高。所以，我们看到青春期的孩子在单一的事情上非常能干，跟成年人差不多。这个阶段孩子的大脑有很大的潜力，学习东西很快，但他们破坏性很强，养成坏习惯也非常容易，比如抽烟、喝酒、赌博、打游戏等。他们往往缺少大局观和规划性，在重大事情上不能缺少大人的指导和把控。

青春期的大脑具有超强适应性，并时刻在为变化做准备。作为父母，有必要在孩子大脑重塑的最好阶段，为孩子大脑的"重组"做好以下三点：

首先，为孩子营造适合的成长环境。

青春期可能是人的一生中生理上最健康的时期，也可能是一个人最容易出现心理健康问题的时期。有统计数据表明，大约75%的心理健康问题，比如抑郁、焦虑、进食障碍和精神分裂等，都出现在青春期，这可能与青春期大脑的强烈变化有关。因此，父母要为孩子营造适合的成长环境，比如，家庭和睦、夫妻恩爱、家风正派等，从而降低孩子心理健康问题的发生概率。

其次，支持孩子做好五个方面的学习体验。

研究表明，青春期倾向于五个方面的学习体验，分别是融入同伴、承担风险并获取新体验、学习使用情绪、实现自我认同、获得自主独立。就进化而言，这五个方面的学习体验是青春期孩子最重要的事情，是大脑的优先事项。因此，父母要重视起来，做到：

鼓励、支持、引导孩子积极交友；

允许孩子冒险，提醒孩子考虑冒险行为可能造成的后果，并学会权衡利弊；

教孩子管理自己的情绪，学会与不良情绪做朋友，与不良情绪和谐相处；

认同孩子的想法，支持孩子实现自己的愿望；

逐渐放手让孩子去独立面对人和事，给孩子独立的机会。

再者，为孩子创造适合发展社会关系的环境。

青春期的人际关系、社会关系如此重要，要求父母为孩子创造适合社会关系发展的环境。当孩子因人际关系、社交问题产生烦恼和痛苦时，请父母悉心照顾孩子，给孩子安慰和引导，并利用孩子的社会性大脑和同伴导向的力量，帮孩子调整心态，走出痛苦，从而继续积极投身于社会交往中去。

第 3 章

心理问题高发期，青春期的孩子在想什么

青春期的孩子真的很难，因为他们的大脑是混乱的，内心是矛盾的，行为是盲目的。作为青春期孩子的父母，若想真的帮助孩子快乐地走过青春期，一定要成为优秀的观察者、指引者，洞察孩子内心涌动的思潮，倾听孩子内心复杂的想法，给孩子想要的尊重、独立、自由和指导。

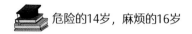

进入青春期后，孩子的内心会充满哪些矛盾

进入青春期后，孩子的生理和心理方面会发生显著变化——生理功能迅速增强，体型和面部特征开始接近成人，生殖器官的发育也开始走向成熟。男孩表现为喉结突出、长胡子、身高增长迅猛、嗓音低沉、遗精等；女孩表现为乳房发育突出、音调变得高而尖细、月经来潮等。正是这些身体内外的变化，让孩子有了成人感，渴望得到他人的尊重，渴望获得和成人平等的地位。

然而，尽管生理上已经开始发育并逐步走向成熟，但是青春期孩子的心理发展却是相对缓慢的，这就使得他们的思想和行为水平跟不上身体的发育，总体上仍然处于一种半成熟的状态。所以，就容易引发一系列的矛盾冲突，主要表现为：

矛盾1：独立性和依赖性的矛盾

进入青春期后，孩子会产生强烈的独立意识，自认为长大成人，应该像成人一样被尊重，应该像成人一样拥有自主权和个人自由。因此，他们迫切地希望从父母的约束中解放出来，不希望父母横加干涉，不愿意听从父母的意见，对父母唠叨式的说教和过分关心会产生反感，他们经常处于一种和父母相抵触的情绪状态中，"可不可以不要管我那么多？""不要唠叨了，烦死了！""不要进我的房间！""不准翻我的东西！"这是他们经常挂在嘴边的话，他们是想通过反抗来向外界证明：我已经长大了，具备独立的人格。

然而，由于他们社会阅历有限、生活经验不够，面对复杂的环境时难以应对，遇到困难时无法独立解决，且在经济上不得不依赖父母，所以他们有时候需要父母的帮助，也渴望父母的关心和支持，且享受那种被关爱、被呵护的感觉，这会让他们获得安全感。这就是青春期孩子内心存在的独立性与依赖性之间的矛盾。

矛盾2：闭锁性和开放性的矛盾

青春期是一个渴望快速了解外部世界的时期，孩子会对外界产生自己的看法，会对事物产生自己的认识，拥有丰富的内心世界，也渴望交友、渴望交流。但由于这一时期他们的自尊心比较强，不愿意轻易向别人吐露自己的情感、思想、秘密，除非遇到了真正理解自己、认同自己的"知心朋友"，否则他们宁愿封闭自己。

青春期的孩子讨厌别人用教导式的口吻跟他们说话，而父母恰恰喜欢用这种方式跟他们交流，这就是他们不愿意向父母吐露心声的原因。这种闭锁性让父母、老师和熟悉的人没办法走进他们的内心世界，久而久之便与他们产生了距离感。这又使得他们感到不被理解，产生难以名状的迷茫、苦闷和孤独感。

其实，青春期孩子非常渴望得到别人理解，也想和别人倾诉，但是他们也害怕被别人看穿，被别人笑话，所以他们内心始终存在闭锁性和开放性的矛盾。

矛盾3：自制性和冲动性的矛盾

青春期孩子在出现强烈的独立性和成人感的同时，行为的自觉性和自制性也会逐渐增强。在社会交往活动中，他们主观上希望自己能够自觉地遵守规则，履行自己该履行的义务，但客观上，由于认知的局限性，他们在思想和行为上具有较大的盲目性，很难控制自己冲动的情绪和丰富的情感，有时会带有小孩子气，易做傻事、蠢事，有时又会莫名其妙地悲观、孤独，这就使得他们经常陷入既想自制、又不受控制地冲动的矛盾之中。

矛盾4：自负和自卑的矛盾

青春期的孩子体型高大，与成年人无异，他们自认为能力不俗，自我感觉良好，有很多想法，觉得可以做很多事情，在与人交往时甚至表现出自以为是、不尊重人的言行，还喜欢与人辩论，以证明自己的观点更高明。但是，当他们遭遇挫折，受到批评或独处的时候，内心又不受控制地涌上自卑情结。高兴时忘乎所以、不可一世，低落时一蹶不振、自我怀疑，这就是他们内在的矛盾性。

矛盾5：勇敢和怯懦的矛盾

青春期的孩子是勇敢的，他们做事常常会义无反顾、无所顾忌，想到什么可能就去做，不会考虑太多的后果。但是这个阶段的他们又是胆小懦弱的，因为没见过太多的人和事，看不懂人世间的纷繁复杂，害怕独立去面对一些事情。

矛盾6：渴求感与压抑感的矛盾

青春期的孩子由于生理发育和性成熟，会产生强烈的与异性交往的渴求，他们渴望了解性知识，渴望在异性面前表现自己，甚至会出现懵懂的情爱念头，但由于校纪校规的限制、社会舆论的约束和父母的再三提醒，使他们在情感和性的认知上处于既渴求又压抑的矛盾之中。

青春期是发展自我同一性的关键期

进入青春期后，孩子开始思考三个问题：

"我是谁？"

"我在社会上处于怎样的位置？"

"将来我准备成为什么样的人？"

对于这三个问题的思考，表明孩子开始探索更深层次的自我意识，开始建立自我同一性。如果在这一阶段孩子获得了积极的同一性，他们就会形成"忠诚"的美德，这意味着他们有能力按照社会规范去生活，能在既定的现实中找到自己的位置，并愿意在这个位置上奉献自我，实现自己的价值，感受人生的意义。如果孩子无法获得积极的同一性，那结果就会是另外一种情形。他们会陷入迷茫，行为容易违背社会规范，不清楚自己的位置，不知道未来自己将成为什么样的人，感受不到人生的意义。

有个孩子向咨询室的老师求助："老师，我最近好迷茫啊！"

"怎么了，可以说给我听听吗？"

"我一直觉得自己是个聪明、正直、真诚的人，对大人之间的虚伪非常不满，但最近我突然发现自己也会做虚伪的事情。加上前段时间参加学校的知识竞赛，初选时我就被刷下来了，让我对自己的能力产生了严重怀疑，回想起之前的所作所为，我越来越觉得自己糟糕，越来越讨厌自己，甚至有一种羞耻感和无能感。"

……

这个案例中的孩子，就处在自我同一性建立的关键期，由于积极的自我同一性尚未建立起来，他对自己、对社会、对未来产生了很大的困惑。

那么，自我同一性到底是什么呢？

它是指个体尝试着把与自己有关的各方面结合起来，形成一个由自己决定的、协调一致、不同于他人的独具"统一风格"的自我。简而言之，就是把自己"众多的人格"统一起来，形成一个比较稳定的人格，它是一种熟悉自身的感觉，是一种"知道个人未来目标"的感觉，是一种从自己信赖、所爱的人那里获得认可、赏识的内在自信，是对自我的确认和对有关自我发展的一些重大问题，如理想、职业、价值观、人生观等的思考和选择。

青春期的孩子一方面要面对性发育、激素剧增等生理上的变化，另一方面要面对社会要求和社会冲突造成的思想上的困惑。所以，这一时期他们的主要任务是建立一个新的同一感，建立自己在他人眼中的形象，找到自己所属的群体，明确自己在社会群体中的位置，明确自己的角色。

著名心理学家埃里克森认为，建立自我同一性是青春期的核心任务。他说："这种同一性的感觉也是一种不断增强的自信心，一种在过去的经历中形成的内在持续性和同一感（一个人心理上的自我）。如果这种自我感觉与一个人在他人心目中的感觉相称，很明显这将为一个人的生涯增添绚丽的色彩。"反之，这一阶段的孩子容易出现诸如角色混乱、叛逆、迷茫等危机，他们对自己缺乏正确的认识，缺乏自尊心、自信心和责任感，对生活没有目标和方向，整天浑浑噩噩。

埃里克森还用同一性危机理论解释青少年犯罪等社会问题，他说："如果一个儿童感到他所处于的环境剥夺了他在未来发展中获得自我同一性的种种可能性，他将以令人吃惊的力量抵抗社会环境。在人类社会的丛林中，没有同一性的感觉，就没有自身的存在，所以，他宁做一个坏人，或干脆死人般地活着，也不愿做不伦不类的人，他自由地选择这一切。"

关于青春期孩子自我同一性的建立，加拿大学者詹姆斯·玛西亚根据"探索"和"承诺"这两个指标划分了四种不同的发展状态，指出了四种不同的发展结果。

状态1：同一性扩散——"我不知道将来做什么？"

即孩子既没有去探索，也没有做出承诺，这种状态叫"认同失败者"。这种状态下的孩子对生活没有目标，失去方向，看似无忧无虑，甚至有点吊儿郎当，实际上是在逃避和掩饰内心的自卑和不安。

心理学研究认为，长期处于这种状态的孩子不愿意接受新事物，对人和环境会出现严重的适应问题。他们的内心是焦虑、抑郁和迷茫的，自尊心、自信心也很低，他们不知道自己是谁，不清楚自己要的是什么，因此经常感到迷茫，给人的感觉是"很丧"。

状态2：同一性早闭——"我要当警察，因为爸爸说我适合当警察。"

即孩子没有通过探索做出选择，而是对现成的结果做出承诺，这种状态叫"提早成熟者"。这种状态下的孩子非常听父母的话，不叛逆，不跟家长起冲突，与家庭的情感连接、对父母的依赖程度明显高于其他孩子。同时，他们会缺乏主见，容易盲从，服从权威。遇到挫折时，容易乱了方寸、失去信心，应对挑战的能力相对较差。所以说，青春期的孩子太听话不是一件好事。

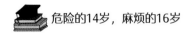

状态3：同一性延缓——"我可能成为教师或警察，但我还没想好！"

即孩子积极地探索有关生活选择的问题，寻求答案，但尚未做出承诺和决定，这种状态叫"尚在寻求者"。这种状态下的孩子，叛逆是其最典型的标志，他们对父母的话要么不予理睬，要么表现得很反感，要么争论不休。他们会盲目追星、穿奇装异服，这些行为都是探索的表现，也是自我同一性建立的必然过程。有研究表明，青春早中期越叛逆的孩子，越容易在青春后期建立自我同一性，因为只有通过各种不同的尝试和探索，孩子才能明白自己要什么。

状态4：同一性获得——"我喜欢画画，我想要当画家。"

即孩子在经历各种探索后，综合评估了各种选项，做出了有关目标、信仰和价值的承诺，这种状态叫"认同成功者"。这种状态下的孩子对自己有清晰的认识，有明确的人生方向，对学习、生活有热情的投入和较强的动机，表现得较为成熟，心理也更健康，是一种理想的状态。但很多孩子在青春期无法达到这种状态，有的要到大学阶段，甚至更晚。

自我同一性的建立是青春期孩子必经的阶段，这一时期父母要对孩子加强引导，防止孩子出现极端情况，同时又要减少对孩子的心理控制，给孩子更多的自主权，以促进孩子顺利进行自我探索，最终实现自我同一性的获得。

解读青春期的"闭锁心理"

很多家长表示，孩子小时候整天像只小鸟叽叽喳喳讲个不停，可是进入青春期后却对父母守口如瓶，想听他们讲一句心里话比登天还难。

家长宋女士说，16岁的儿子上高一，成绩很好，就是越来越不爱和父母说话。每天放学回家就直接走进房间，关上房门，要么看书学习，要么玩玩手机，直到吃饭的时候才出来。吃完饭后，又进到房间。有时候，宋女士和丈夫会问儿子的学习和交友情况，但儿子只是敷衍几句，他们建议儿子不要总是待在房间，多出来和爸妈聊聊天，或找同学玩，或去做运动，可儿子就像没听见一样，不为所动。

案例中孩子的行为现象，在心理学上称为"闭锁心理"，即将心理活动进行自我封闭，封闭与外界的任何心理交流。闭锁心理是青春期心理的一个普遍存在而又特殊的标志，也是让很多家长头疼的问题。

为什么青春期孩子会形成闭锁心理呢？主要有四方面的原因：

1.独立意识的增强——形成闭锁心理的主要原因

在儿童时期，孩子对父母的依赖性很强，但进入青春期后，孩子的独立意识增强，思维能力、行为能力也迅速增强，有能力主动去观察生活、思考问题。这时孩子不再事事依赖父母，而是渴望自己的事情自己做主。这种变化称之为心理上的"断乳"，它标志着孩子正走向心理成熟。

但不可否认的是，这个时候孩子的认知能力仍然比较低，观察和分析事物的能力还比较弱，并未完全具备独立生活的能力。这就使得孩子一面想摆脱父母的约束和影响，一面又害怕失去父母的支持和帮助，此时他们的内心往往是矛盾的：有时候觉得父母的话有道理，有时候又反感父母的管教，不愿意接受父母的建议，因此他们十分苦恼。这种苦恼之后，他们往往对父母封闭内心世界。

2.自我意识的发展——闭锁心理形成的加速器

青春期孩子的自我意识发展主要表现为，意识到自己不再是小孩子，产生了成熟的心理体验；开始自我评价，自我控制能力逐步增强，能够发现生活中的美和丑、是与非，有能力对自己的行为进一步地调节和支配，可是他们自尊心很强，担心自己的想法和行为会被别人笑话，因此总是小心翼翼地把内心的秘密闭锁在自己的小天地里。这时他们更愿意写日记，而不愿意向父母吐露真实想法。

3.归属动机和交友动机——促使闭锁心理形成

青春期孩子受归属动机和交友动机的影响，喜欢把自己归属于某个小圈子，在这个圈子里，他们交朋友、讲义气，甚至称兄道弟。他们可能不听父母和老师的话，但朋友的话他们不会不听。父母叫他们做什么，他们可以拒绝，但朋友叫他们做什么，他们往往乐此不疲。他们的心里话对父母可以保密，但对朋友却没有什么不能说的。在交友方面，他们会选择与自己聊得来、有共鸣的人交朋友。这说明他们正进一步社会化，一方面渴望接触社会，另一方面又小心翼翼，害怕别人不理解自己，有较强的自我防卫心理。

4.消极维权——闭锁心理形成的外部条件

青春期的孩子说大不大，说小不小，既不能不依赖父母，又反感父母的管教。在他们眼中，父母的一些关心却是粗暴的侵权行为，比如，父母闯进他们的房间，问"饿不饿""累不累""吃不吃水果"；父母发现孩子跟某个异性接触密切，就捕风捉影地定性为"早恋"，然后好言相劝或严刑逼供；父母喜欢给孩子制定作息时间表，规定孩子几点起床，几点睡觉，几点做作业；父母见孩子接了一个同学的电话，就问孩子："谁打来的？是男的还是女的？成绩好不好？"父母的这些行为在孩子看来就是不尊重自己，就是借关心之名行监督之实，所以他们非常反感。因此，孩子干脆对父母关上心门，以示反抗。

闭锁心理是青春期正常的心理现象，但如果父母不能及时引导孩子调整，就容易带来一些不良的后果。比如，孩子交了不好的朋友，染上了恶习，但因闭锁心理致使父母没有及时发现，未能及时给孩子教育和引导，最后孩子走上了犯罪道路。闭锁心理还容易使孩子把受挫后的烦恼积压起来，最后可能导致心理出问题。

那么，孩子有了闭锁心理后，父母该怎么应对呢？

1.平常心对待孩子的闭锁心理

闭锁心理是客观存在的，几乎是每个青春期孩子必然经历的心理发展阶段，想回避也回避不了。最好的应对态度是，愉快地接受孩子的闭锁心理，不要为此烦恼，也不要感到恐慌，更不能想方设法去窥视孩子、监督孩子，因为孩子最反感被窥视、监督，这样只会让孩子觉得父母不相信自己，更加封闭自己的内心世界。

2.给孩子一个"房间时间"

面对青春期孩子的闭锁心理，父母要充分尊重他们的"私密权"，尊重他们紧闭房门的行为，允许他们有自己的小秘密，有自己的私密行为。父母最明智的做法是，给孩子一个独立的时间和空间，让孩子在这个时间和空间里，做自己想做的事情。我们把这个时间和空间称为"房间时间"，即孩子进入房间后就可以自由活动和独处。

给孩子一个"房间时间"，一是可以减轻孩子的心理负担，孩子不必再担心被父母监视和打扰，二是可以充分保障孩子自主安排学习和生活的权利，锻炼孩子的自主性，三是充分体现了对孩子隐私权的尊重，四是有利于培养孩子的自我管理能力。

3.送给孩子带锁的日记本和抽屉

青春期孩子总有这样那样的小心思、小秘密，他们不愿意向父母倾吐，更愿意记录在本子上，锁在抽屉里。作为父母，不妨主动送给孩子带锁的日记本和抽屉，满足孩子闭锁心理的现实需求。

有位父亲就是这样做的，他在女儿上中学后，送给女儿一个带锁的日记本和带锁的抽屉，而且尽管家里空间不大，但他还是给女儿留了一个独立的房间。为了建立女儿对他的信任感，平时不管多忙，不管心情如何，他都会认真耐心地听女儿讲述学校的事情，并且做出积极的回应，让女儿知道爸爸很在乎他。在这种教养方式下，女儿的闭锁心理很快就消除了，亲子关系十分融洽。

4.在尊重的前提下，和孩子约法三章

我们允许孩子有秘密，允许孩子在房间里做自己想做的事情，并不代表孩子可以为所欲为，也不代表父母对孩子放任不管。我们只是强调父母要尊重孩子，但是在尊重的前提下，还需和孩子约法三章，比如，每次玩电脑、手机不能超过30分钟，晚上10点后不能玩电脑、手机，上网的时候不能浏览不健康的网页和视频。如果电脑在书房，父母可以和孩子约定：大家都有权进入书房，电脑要轮流使用，还可以直接把电脑放在家里的公共区域，以便家长管理。

5.鼓励孩子参加集体活动、户外活动

在尊重孩子独处的同时，父母还要鼓励孩子参加集体活动、户外活动，让孩子的生活丰富起来，比如登山、打球、游泳、摄影、垂钓等。在这个过程中，孩子自然会开阔眼界、打开心扉，不知不觉中就会走出封闭的自我，身心都能得到锻炼。

青春期是孩子自尊心最强的阶段

进入青春期后，孩子的独立意识显著增强，对事情往往有自己的见解，渴望得到别人的认同，也渴望得到理解和宽容。为了维护自己的见解、捍卫个人的自主权，他们表现得争强好胜。这一时期的孩子一方面想要摆脱父母的束缚，另一方面又不得不依赖父母的照顾，他们内心焦虑、急躁，也不知天高地厚，所以自尊心特别强，特别好面子。

作为父母，如果你还用以前的方法管教孩子，对孩子不是批评、斥责，就是大吼大叫甚至是打骂，尤其是当众训斥、打骂孩子，还不给孩子申辩的机会，那么非但起不到教育的效果，相反还会激起孩子对你的反感和排斥。因为孩子听到你劈头盖脸的训斥，首先想到的是你不给他面子，而不是反省自己错了或错在哪里。加之青春期的孩子易冲动，悲剧就很可能发生。

2020年9月17日，武汉一名初三男生因在教室和同学玩扑克牌被老师喊家长，母亲到校后在教学楼五楼的走廊里当众扇了男孩几个耳光，并用手掐住他的脖子，还用手指头直戳他的脑门。这样的场景发生在众目睽睽之下，一位老师实在看不下去了，上前劝说这位母亲。母亲在老师的劝解下离开后，男孩在原地沉默了两分钟，然后爬上护栏，一个跨步，从五楼纵身跳下……

近年来，因孩子玩手机、和父母争吵、被父母打骂而离家出走、自杀的新闻屡见报端。可怜天下父母心，明明为了孩子好，却因言语或行为不当刺激到了孩子，导致了悲剧发生。为什么父母几声责骂，就可以刺激孩子结束生命呢？其实原因很简单，那是因为伤了孩子的自尊心，让孩子感到无地自容。

苏联教育学家苏霍姆林斯基说过："在影响孩子的内心世界时，不应挫伤他们心灵中最敏感的一个角落——自尊心。"因为对于青春期孩子来说，尊严价比天高，就像是孩子穿在身上的衣服，如果父母剥去孩子身上的衣服，特别是当众这么做，试问孩子的内心会多么受伤？因此，保护青春期孩子的自尊心，是每一位父母都要意识到的事情。

美国儿童心理学家詹姆斯·杜布森曾说："让孩子失去自尊的方式有千百种，可要替孩子重建自尊，是一个缓慢而困难的过程。"真正聪明的父母，都懂得给孩子留面子，努力做"稳住"孩子的那个人，而不是做"击垮"孩子的那个人。

1.不让孩子当众出丑

家长们，可别乱信什么"人前教子"的说法，孩子也是人，也有自尊心，也要面子，在外人面前被家长批评，对他们来说是一件很丢人的事情。特别是在老师、同学面前被家长公开批评，这对孩子来说无异于社会性死亡。这种对孩子自尊心的践踏，很容易导致孩子走向极端。

孩子犯了错误，管教是需要的，但比起青春期孩子脆弱而敏感的自尊心，管教孩子似乎没那么刻不容缓，父母可以事后和孩子好好沟通，而不必急于当众贬损孩子，以防孩子产生反感和对抗情绪，也避免自己下不来台。试想一下，如果你当众批评孩子，引来旁人的好奇和围观。孩子感到颜面尽失，然后和你大吵大闹，甚至做出不理智的举动，你能控制住这个局面吗？

所以，一定要牢记一句话：不让孩子当众出丑。古代有教子"七不责"，其中第一条就是当众不责，即不在众人面前批评、指责孩子。孩子有什么问题，你可以回到家里关上门，平心静气地跟孩子说。对孩子的教育尽量在私下进行，且做到低声教育，才能有润物无声的效果，情绪激动、言辞激烈、大吼大叫只会两败俱伤。

2.不要和孩子硬碰硬

青春期是孩子逐渐摆脱父母、走向成人的过程，这一过程被称为"心理断乳期"。这一时期孩子的儿童心理模式被打破，成人心理模式尚未完全建立，内心挣扎、混沌，叛逆、激进，像一个炸药包，易燃易爆。因此，这一时期教育孩子千万不能硬碰硬，而要学会以柔克刚。

有些父母习惯了打骂教育，哪怕孩子进入青春期了，也采用打骂的教育方式，这是极不明智的，奉劝这类家长，就算和孩子讲道理，孩子听不进去，也不要对孩子动手，试着接纳孩子、给孩子时间，不要急功近利，寄希望于孩子马上就听进去，马上就改变。

3.不攻击孩子的人格

孩子从出生的那一刻起，就是一个独立的个体，只不过在青春期之前，孩子的这种意识并不强烈。但进入青春期后，孩子的独立意识和自我意识显著增强，父母务必把孩子当作独立的个体，给孩子充分的尊重，就算孩子犯了错，在教育他们的时候也要注意态度和用词，做到就事论事，不翻旧账，点到即止，千万不能嘲讽、羞辱、恐吓、攻击孩子的人格、给孩子乱贴标签。否则，可能会引起孩子激烈的反抗。即便孩子不反抗，内心可能也已经伤痕累累，孩子可能会想："反正我已经这样了，既然你瞧不上我，那我破罐子破摔得了。"这会给孩子健康成长埋下隐患。

4.尊重孩子的自主意愿

青春期孩子已经具备了一定的知识，有了独立的逻辑思维，他们渴望自主探索，并愿意对自己的行为负责。很多父母担心孩子能力不够，害怕孩子做得不够好，总是试图替孩子做选择，这很容易引起孩子的反感。

有一次在理发店里，一个十二三岁的男孩让理发师把他的头发留得长一些，但一旁的妈妈不允许，要求理发师把儿子的头发剪短，并且当众训斥儿子："你怎么不听话啊！给你脸了是吗？"男孩气得拉着脸不吭声。

其实，案例中孩子的想法并不过分，尊重其意愿又何妨？还有很多事情，只要孩子的想法不违法、不害人，父母最好允许孩子按自己的想法去行动，哪怕做错了也能获得成长的经验。

警惕青春期孩子出现心理问题

青春期是孩子生理发育的关键期，也是孩子心理发展的特殊阶段，这一阶段孩子受生理发育、学业压力和人际交往等多重因素的影响，心理上容易出现一些问题，比如自闭、焦虑、抑郁甚至患上精神分裂症。对此，父母有必要保持警惕，对孩子可能出现的心理问题有所了解，并进行预防。

1.自闭

青春期自闭表现为自我封闭，不愿意与人接触，不愿意参与社交，整天把自己关在屋子里，严重的话还会发展成自闭症，最后害怕见人、难以适应社会。

苗苗小时候一直跟着爷爷奶奶生活，上小学后才被爸爸妈妈接到城里，但她经常因犯一点错误被父母责骂，导致她内心自卑、孤僻、自闭。她除了与家里人接触，很少和同伴们一起玩。

进入青春期后，苗苗的身体发育比较显著，尤其胸部突出，经常被班里同学关注和议论。这让苗苗感到非常害羞和恐惧，其自卑、自闭的倾向也更加明显，到了高中甚至连基本的师生之间的交流都困难了，她的成绩也一落千丈。

爸爸妈妈非常着急，开始四处寻求心理咨询师的帮助。

青春期产生心理自闭分为两种情况：一是小时候一些特殊的经历造成孤僻、自卑的性格；二是进入青春期后受各方面压力的影响，如生理发育、学业压力，或生活中的一些不如意造成了心理上的挫折等，使孩子逐渐把自己封闭起来。当然，也有两种情况的结合，案例中的苗苗就属于这一种情况。

对于青春期孩子的自闭心理，只要找到问题的根源，问题就会迎刃而解。

（1）用同理心打开孩子的心扉

消除青春期孩子的自闭心理，关键是打开孩子的心扉，走进孩子的内心世界，然后开导劝慰，排除孩子的心理压力。当发现孩子出现自卑倾向后，要及时与孩子谈心，建议父母带着同理心，站在孩子的立场上考虑问题，体会孩子的情绪和想法，理解孩子的感受，告诉孩子："有困难我们一起面对！"

（2）帮助孩子排解心理压力

心理压力是造成青春期孩子自闭的主要原因之一，因此设法排除孩子的心理压力，是缓解孩子自闭心理的重要手段。父母平时除了关注孩子的学习成绩之外，还应关注孩子的心理健康，考虑孩子所面临的升学、人际交往、情感困惑、恋爱等压力。经常询问孩子是否遇到困难，向孩子传授应对困难的经验，与孩子分享自己的青春期经历，引导孩子走出自闭心理。

2.焦虑

青春期焦虑表现为，总感到莫名其妙的紧张、坐立不安、心情烦躁，内心好像总是忐忑不安、不踏实。焦虑在成年人身上也经常出现，这是人们对于可能出现的心理冲突或挫折及失败的一种应激反应。对于青春期孩子来说，由于大脑内部和恐惧情绪产生有关的杏仁核，比负责推理和执行控制的前额叶提前发育很多，因此他们感知恐惧和焦虑的能力较强，但应对焦虑的能力相对较差。由于青春期学业、人际交往压力增大，加上情感困惑等因素，孩子很容易出现焦虑心理，严重的还会患上焦虑症。对此，父母应注意：

（1）青春期正值长身体的时候，父母提醒孩子注意规律作息，按时睡觉，避免熬夜、贪睡。

（2）让孩子养成按时用餐的习惯，同时给孩子提供均衡的营养，蔬菜、水果搭配。

（3）鼓励孩子多做有氧运动，促使大脑产生更多的快乐激素。

（4）鼓励孩子说出心中的焦虑点，理解孩子并引导孩子放松身心。比如，孩子担心考不上重点高中、重点大学，而产生焦虑情绪。父母要肯定孩子的这份上进心，理解孩子的焦虑，宽慰孩子："爸爸妈妈知道你很努力，你不用有压力，尽力就好，顺其自然。"然后教孩子把压力转化为动力，告诉孩子："与其焦虑，不如找找提升成绩的办法。"

3.抑郁

不少青春期孩子经常觉得苦闷、无精打采、做什么都提不起精神，他们面色凝重，心情压抑，寡言少语，完全不像活力四射的青春少年。如果你的孩子也有这种情况，不要觉得奇怪，更不要批评他，因为他很可能出现了青春期抑郁心理。

其实，抑郁心理是青春期较为常见的一种心理活动。这与青春期孩子独立意识增强，对未来怀有太多不确定的想法有关，加上他们背负人际交往压力和情感困惑等因素，使得他们非常容易陷入忧伤和迷茫，从而表现得愁眉苦脸、心事重重。

对于正常的抑郁情绪和抑郁心理，父母可以鼓励孩子多交朋友、多参加集体活动，培养孩子的兴趣爱好，让孩子把精力放在喜欢的事情上，而不要没事胡思乱想。同时要鼓励孩子积极面对问题，独立解决困难，在行动中强化自信心。如果孩子抑郁心理严重，甚至变成了抑郁症，那就应该及时寻求专业机构帮助。

4.精神分裂

青春期孩子患有精神分裂后，症状表现为：注意力涣散，说话时前言不搭后语、逻辑混乱、语言支离破碎；孤僻离群、生活懒散，对身外之物不感兴趣；上课不专心听课，动不动就发呆发愣，或对着镜子傻笑，自言自语。与此同时，患者还有自我贬低、自我谴责、自卑、多疑、忧伤、焦虑、反应迟钝等症状。

孩子患上精神分裂的原因有三：一是遗传因素，研究表明精神分裂症受遗传因素影响，有家族病史的孩子容易患上精神分裂；二是青春期孩子身心发展迅速，容易产生种种不适应、不平衡以及困惑和危机感；三是在青春期性机能的迅速发展、青春期懵懂的情愫等诱因的作用下，孩子也容易产生精神分裂。对于青春期精神分裂症，父母应及时带孩子去医院检查，寻求专业的机构治疗。

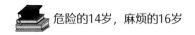

青春期的孩子最想要什么：独立、自由、被爱、帮助

家有正值青春期的孩子，父母往往会有不同程度的烦恼或恐慌，因为这一阶段的孩子既向往独立又无法摆脱依赖，既憧憬成熟又留恋童年，既追求自由又渴望指导，既讨厌灌输又渴望帮助，如此矛盾的心理导致他们的言行在大人眼里有些"奇怪"。但这一阶段对孩子成长的意义却十分重大，如果父母不懂这个时期孩子最想要什么，而是对孩子横加约束、粗暴管制、硬性灌输，就很容易激起亲子之间的矛盾冲突。

说到这里，很多父母肯定忍不住问："青春期的孩子究竟最想要什么呢？"

下面我们就来逐一介绍：

1.想要独立——迫切地想证明自己长大了

青春期是孩子快速成长的特殊时期，由于身体的迅猛发育，孩子会产生一种"成人感"，觉得自己长大了。为此，孩子会在自己的事情上做主，比如留一个酷酷的发型，穿漂亮的衣服，过生日那天请同学吃饭等，有些孩子甚至会用抽烟、喝酒、化妆、染发、文身等行为来证明自己是大人。遗憾的是，孩子的这些行为在不少父母眼里，恰恰是不听话的表现，会被斥责、打压。

青春期教养策略：

对于青春期孩子想要独立、想要证明自己长大的强烈心愿，父母应该给孩子信任和机会，并给予一定的经济支持，让孩子在自己的事情上做主，比如作息时间的安排、房间的布置、节假日穿什么衣服、生日怎么庆祝等，让孩子独立的需求得以满足，让孩子获得自己做主的成就感。这对提升孩子的自我价值感和自信心意义重大。对于一些不符合学生身份的行为，如抽烟、喝酒、化妆、染发、文身等，父母可以向孩子说明原因，劝告孩子放弃，等到今后毕业走入社会再去尝试。

2.想要自由——渴望一个没有约束的生活

伴随着独立意识的增强，青春期孩子在生活和交友方面非常渴望自由，他们需要独立的房间，在这个空间里他们可以做自己想做的事。他们讨厌父母未经允许进入其房间，更讨厌父母翻看他们的抽屉和日记本，因此他们会给日记本、抽屉上锁。在交友方面，他们会凭自己的喜好选择朋友，会跟聊得来的人交朋友，反感父母说三道四、上纲上线，比如说："他成绩那么差，你别跟他交往，小心把你成绩带差了！"

青春期教养策略：

青春期的孩子不再是那个曾经需要保护的"小孩子"，他们渴望自由，想追求一种没有约束的生活。因此，父母应该给孩子独立的空间，给孩子空间上的安全感，让孩子做自己想做的事情。与此同时，青春期孩子的大脑里充斥着各种情愫，有时浮想联翩，有时忧心忡忡，有时大喜大悲，这些情感不适合与父母分享，更适合与同龄的朋友分享，因为他们更懂孩子。因此，父母要理解孩子交友的选择，多支持、少反对，多引导、少指责，确保孩子从交际中获得正能量。

3.想要被爱——依然渴望被关注、被关爱

青春期的孩子虽然个头快速增长，心理也越来越成熟，但他们依然是孩子，依然渴望得到父母的关注和关爱。坦白地说，他们有时觉得自己不够聪明、不够强壮，有时觉得自己很糟糕，特别是遭遇挫折或不顺心的事情时，只不过他们不再像小时候那样黏人，不再像小时候那样表达渴望被关注、被关爱的需求，因为他们不想在父母面前表现自己脆弱的一面。

青春期教养策略：

青春期孩子的内心是脆弱敏感的，他们有时候觉得自己无所不能，但有时候又觉得自己不堪一击、接近崩溃，因此父母要善于洞察孩子的情绪，解读孩子的内心。特别是当孩子失败、受挫时，要及时关心他、安慰他，给他拥抱和陪伴，让孩子知道父母一直在关注他，知道父母很爱他。

4.想要指导——渴望迷茫时获得指导和帮助

青春期的孩子会遇到烦恼，也有迷茫的时候，比如不知道怎样与同学、老师交往，不知道怎样与异性打交道，不知道怎么面对自己暗恋的女孩，不知道怎样提高成绩，不知道人活着是为了什么，不知道什么是幸福……面对这些心理困惑，孩子渴望得到父母的指导和帮助。

青春期教养策略：

青春期孩子遇到困惑时，往往倔强地把它们埋在心里，而不会主动跟父母说，因为他们自尊心强，不想让父母看到他们软弱无能的一面。因此，父母要做善解人意的人，要在观察到孩子的情绪变化后，以一种不经意的方式打开孩子的心门，与孩子谈心，为孩子指点迷津、答疑解惑。切记，在与孩子谈心时不要讲大道理，而要多分享自己的经历和感悟，这样孩子更容易接受。

第 4 章

青春期是危险期，也是机遇期

青春期是孩子生理发育的高峰期，也是孩子价值观形成的关键期，还是孩子容易出问题的叛逆期。这一时期如果父母对孩子的教育方式不当，孩子就容易产生各种心理问题，由此引发厌学、网瘾、自闭、自杀等青春期问题。因此，青春期既是危险期，也是机遇期，关键看父母怎么把握。

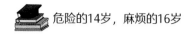

没有经过叛逆期的孩子不可能真正长大

很多家长反映，孩子上中学后，伴随着生理上的发育，心理上也有显著的变化，孩子好像一夜之间就变得不听话了，喜欢和家长对着干，你让他往东，他偏要朝西，你让他往西，他偏要朝东。这种现象在心理学上被称之为"叛逆心理"，它是孩子进入青春期的重要标签之一。

几乎每个青春期的孩子都有过叛逆，只是程度不同而已。这一时期，如果父母再三叮嘱同一件事，孩子会感到厌烦；如果被批评，他们会很反感甚至愤怒；如果某位同学和老师对着干，他们会心里暗自佩服那位同学；他们认为父母和老师的话有很多漏洞，学校的规定有不合理的地方；他们喜欢标新立异，以引起周围人的注意……

对于青春期孩子的叛逆，家长往往"谈虎色变"，头疼不已。但实际上，叛逆是由青春期孩子的成长规律决定的，是青春期的正常表现。相反，不叛逆的孩子是不正常的，没有经过叛逆期的孩子不可能真正长大。因为从孩子一生的发展来看，叛逆其实是孩子内心成长和思想成熟的开始，青春期的叛逆对孩子未来发展意义重大。

首先，青春期的叛逆是孩子生理成熟和思维能力提高的重要表现。

生理发育成熟、认知能力迅速提高，这是青春期的重要特点，也是叛逆不可缺少的基础条件。孩子生理上成熟了，思维能力提高了，才有反抗家长的资本，才有和家长坐而论道的底气。从这个角度来看，叛逆恰恰是孩子生理成熟和思维水平提高的结果，是孩子成长和进步的表现。所以说，叛逆不是坏事。

其次，青春期的叛逆是孩子自我同一性发展的需要。

美国著名心理学家埃里克森将一个人的心理发展分为八个阶段，每个阶段都有其发展任务，青春期最重要的发展任务是建立自我同一性。所谓自我同一性，指的是个体尝试着把与自己有关的各方面结合起来，形成一个由自己决定的、协调一致、不同于他人的独具"统一风格"的自我，是对"我是谁""我将来的发展方向"以及"我如何适应社会"等问题的主观感受和意识。

为了弄清楚有关自我发展的一些重大问题，如理想、职业、价值观、人生观等，孩子需要进行自我探索，在探索的过程中孩子会有自己的想法，而这与父母的观念往往是相违背的，因此显得非常叛逆。通过自我探索完成自我同一性发展的孩子，对自己的人生有清晰的认识，能够坦然接受自己的不足，能够实现自我悦纳，对自己的学习、工作和生活有热情的投入，心理安全感较高，社会适应能力较好。

相比之下，有些"乖孩子"在青春期缺乏对自我的探索，一味地遵循父母或他人的安排，难以完成建立自我同一性的任务，将来往往会缺乏主见、容易盲从、无法适应变化和应对挑战。当遇到挫折时，他们容易丧失目标和信心。

再者，青春期的叛逆是孩子不良情绪的发泄途径。

青春期不仅是生理发育的特殊阶段，也是孩子大脑发育的关键期，这一阶段受制于大脑发育的不均衡，孩子容易产生情绪问题。加之青春期正赶上中学阶段，孩子容易面对来自学业、人际交往等方面的压力，会产生这样那样的困惑，这会加剧他们的情绪问题。如果孩子把这些不良情绪全部埋在心底，不吐露、不发泄、不叛逆，久而久之，他们的内心必然会堆积大量的负能量。所以，叛逆是孩子宣泄不良情绪、保持心理健康的重要途径。

最后，青春期的叛逆是孩子对人际关系调整的一种适应。

青春期的孩子开始渐渐疏远父母，转而与同伴亲近、相处。这是人际关系的重要调整，即由青春期之前的依恋父母，转变为青春期之后自主交往。心理学研究表明，同伴交往对孩子的社会化发展有重要影响，在与同伴相处时，孩子可以学会换位思考、理解他人，这是孩子社会化发展过程中重要的素质。

心理学研究还发现，青春期的同伴关系是孩子成年后人际交往能力和心理健康水平的一个预测指标，即青春期人缘好、朋友多的孩子，成年后的人际关系往往比较顺利，且心理健康水平较高。这是因为在青春期与同伴交往的过程中，孩子的交往能力、沟通能力及自我调整能力都能得到很好的发展。

鉴于青春期的叛逆对孩子未来的发展意义重大，作为父母，务必牢记两点：

1.对孩子的叛逆言行持肯定态度

当发现孩子叛逆、不听话、不配合、不沟通时，父母一定要改变心态和看法，不要再认为孩子是在挑战自己的权威，而要承认这是孩子成长的表现，是一件好事，至少是好的开始。对于孩子不守规矩的行为，不要盲目否定，可以问孩子的动机；对于孩子自我探索的表现，要加以肯定。要相信，得到父母的理解和认同后，孩子的叛逆之心不会那么强烈。

2.以叛逆为契机，调整教养方式

青春期的叛逆意味着孩子长大了，这时父母教育孩子的方式应及时调整，要从之前起主导作用的教育者，转变为陪伴孩子成长的陪伴者。这意味着父母要退到非主导地位，意味着父母要与孩子保持平等的关系，意味着要给孩子无言的支持和认同。因此，教育孩子不再是讲道理、提要求、下命令，而要多和孩子交换想法，交流感情，认真倾听并接受孩子的意见，说明希望，给予肯定，鼓励孩子去行动。

青春期叛逆的3种类型：暴躁型、沉默型、阳奉阴违型

进入青春期后，孩子的独立意识越来越强，他们渴望摆脱父母的管束，开始积极进行自我探索。他们喜欢与人争论，但经常论据不足；他们喜欢质疑，却又缺乏科学依据；他们喜欢发表见解，但又观点片面。如果父母还把他们当作小孩子来看待，不厌其烦地讲道理，很容易激起孩子的叛逆心理。如果父母与孩子硬碰硬，那结局往往会更糟糕。

邻居张女士的儿子小舟曾经是个品学兼优的好孩子，在班里成绩名列前茅，但上初中以后情况就发生了翻天覆地的变化。初二那年，小舟产生了厌学情绪，还和一些不良少年厮混在一起，并染上抽烟、打架等恶习，他多次违反校纪校规，成绩一落千丈。

张女士和丈夫心急如焚，却又手足无措。儿子反感他们说教，拒绝和他们沟通，一开口就充满火药味，每天放学回家就把自己关在房间里玩电脑。张女士和丈夫曾用断电、断网的办法应对，结果换来的是儿子暴跳如雷，他发疯似的摔打东西，还用头撞墙，吓得张女士和丈夫只好妥协。

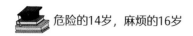

张女士和丈夫白天忙于工作，晚上回家还要面对"闹心"的孩子，身心俱疲。

青春期的叛逆对孩子未来发展有积极的意义，至少是一个好的开始，但这并不意味着父母可以对孩子的叛逆放任自流。对于青春期孩子的叛逆，我们有必要了解其常见的类型，针对不同的类型运用不同的应对方法，恰当地引导孩子，才能帮孩子顺利度过青春叛逆期，让孩子在叛逆中成长。

研究发现，青春期的叛逆有以下三种类型：

类型1：暴躁型

暴躁型的孩子情绪亢奋、脾气火爆，父母稍有微词，他们就立即进入"战斗状态"，就像刺猬一样竖起全身的刺来自我防卫。他们轻则顶撞父母，与父母争吵，重则大发脾气，甚至摔东西，离家出走，乃至做出轻生的举动。当然，冷战也是这类叛逆孩子惯用的反抗方式。

类型2：沉默型

沉默型的孩子最大的特点是不善言辞，不愿意沟通，他们面对父母的批评、责备经常是左耳进右耳出，既不反抗也不回应，任你说破嘴皮，他们全然不当一回事。

类型3：阳奉阴违型

阳奉阴违型的孩子最难应付，对于父母的教育和要求，他们往往嘴上答应得很爽快，表现得很顺从，但实际上根本不放在心上，行为上依然我行我素，按自己的想法行事。

对于以上三种不同类型的叛逆，家长们应做到心中有数，千万不要把孩子往外推，而要接纳孩子，相信孩子的叛逆只是成长过程中的一个阶段性问题，多去观察孩子的特点，了解孩子的深层次需求，采用有针对性的策略去应对。

一般来说，对待暴躁型的孩子，父母千万不要与他们硬碰硬，而要以柔克刚；对待沉默型的孩子，父母要多与他们亲近，与他们耐心沟通；对待阳奉阴违型的孩子，要以心换心，让他们感受到父母的真诚。

值得注意的是，无论哪一种叛逆型的孩子，他们都渴望得到父母的尊重、理解和认可，他们都不希望被父母以粗暴的方式教育。因此，父母要注意以下两点：

1.用尊重代替命令

孩子从降生的那天起，就是一个具有独立人格的个体，他们与父母的关系不是附属的关系，也不是下级与上级的关系。进入青春期后，孩子渴望被尊重，希望与父母保持平等的关系，他们不喜欢被安排，讨厌被压制，更讨厌被命令。因此，父母不能再在孩子面前以领导的身份自居，处处颐指气使，对孩子下命令："给我倒杯水！""把我的拖鞋拿来！""快把作业写了！""不准出去玩！"而要换一种思路，多和孩子商量，多关注孩子的优点，尝试与孩子谈论感兴趣的话题，拉近亲子关系，走进孩子的内心。

2.用信任代替监管

孩子进入青春期后，父母对孩子的教育方式应及时调整，要放弃以往事事监督管教的教养方式，学会对孩子表达信任，放手让孩子独立行事，鼓励孩子自律和自我控制，学会对自己的行为负责。比如，以前规定孩子每次玩手机不能超过30分钟，现在父母应引导孩子自我管理，合理安排玩手机的时间。

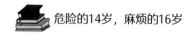

可怕的"14岁现象"——如何陪孩子走过青春期最危险的阶段

　　孩子进入青春期后，伴随着独立意识的增强，叛逆之心也显著增强，尤其是14岁这个年龄段，就像雏鹰的翅膀长硬了，随时想要起飞，又像脱缰的野马，随时想挣脱束缚它的缰绳。虽然这个年龄段的孩子对是非曲直有一定的判断力，但他们行事冲动，容易情绪化。有时候被父母唠叨几句，他们就非常愤怒，比父母还凶，甚至做出极端的事情。这个可怕的"14岁现象"，家长们一定要高度重视。

　　2020年11月，扬州市江都区某小区发生了一个让人痛心的事件：

　　一名14岁初一男孩从31楼跳下，不幸身亡。

　　起因是妈妈检查儿子的作业，发现他作业没写完，就说了他几句，结果母子二人发生争执，妈妈一气之下撕了儿子的作业本。争吵后，妈妈没有对儿子的情绪进行安抚，就急着送读高中的女儿去学校。谁知妈妈前脚刚走，男孩就从31楼跳了下去。

虽然类似的事件属于小概率事件，但对任何一个家庭来说，一旦它发生了就是100%的灾难。14岁是孩子人生的一个新起点，也是孩子从懵懂少年走向成熟的重要转折点。很多家长不明白：为何14岁是青春期最危险的阶段？对此，我们不妨看看专业人士的解释。

教育专家冉乃彦指出："当孩子到了14岁左右的年龄时，许多家长会发现，原本听话懂事的孩子变得越来越叛逆，而且心思敏感、脆弱，遇事多疑又不愿向家长倾诉，甚至学习成绩欠佳、行为习惯不良……"

国内一些接待青少年心理咨询的专业机构反映：14岁的孩子逆反心理最突出。他们经常不愿意虚心接受大人的批评，而是喜欢反驳、顶撞，越是父母、老师不让做的事，他们越做得起劲儿，分明是要和大人对着干。

多位教学经验丰富的初中班主任也反映：14岁的年龄属于成长中的危险期，这个年龄段的孩子特别容易出现心理问题，他们过于自信，但适应性差，容易出现消沉、颓废、麻木、情感冷漠等现象，还容易出现暴躁、报复、易怒、寻求刺激等心理。

英国科学家进行的一项研究发现：青春期的孩子热衷于做一些能够带给自己神经刺激的危险行为，其中14岁的孩子最为突出。尽管他们能够权衡自身行为的利弊，但他们更关注这些行为能否带给自己快乐和刺激，而不是安全与否。

尽管14岁左右的孩子容易出现各种问题，但14岁的孩子并非无解的谜团。正如教育专家冉乃彦说的那样："14岁是危险叛逆期，更是最佳塑造期。"对孩子来说，14岁左右的年龄是其身心发展的关键期，家长如果抓住这个关键期，给孩子正确的教养，孩子将会顺利发展。那么，家长应该怎么做呢？

1.多点儿包容，无条件接纳孩子

很多家长说，孩子喜欢和自己对着干，这是对青春期孩子叛逆的天大误解。其实，孩子并不是故意和你对着干，他们的叛逆行为是由青春期特定的生理和心

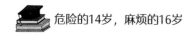

理的变化造成的。对此，家长首先要理解孩子，包容孩子，千万不要轻易埋怨、责骂孩子。否则，孩子会更加地叛逆，且不愿意再与父母沟通。

要知道，叛逆期只是青春期孩子成长过程中的短暂过渡期，很快就会过去。就如14岁这一年，再多不过三百多天。如果父母能无条件地接纳孩子，帮孩子顺利渡过这一阶段，孩子会更尊敬你、爱戴你。

2.多点儿调整，认识和改变自我

面14岁孩子的叛逆行为，有些家长依然用唠叨、打骂等方式教育孩子，这样做非但没效果，还会激起孩子更强的叛逆心，导致孩子更不听话。严重的话，孩子还可能以牙还牙、以暴制暴。

2020年5月，媒体报道了一则骇人的新闻：14岁少年肖某在网吧刺杀爸爸。

报道称，那天肖某在网吧玩游戏，爸爸找到他，把他揪出来扇了他几个耳光。他没有说一句话，而是从口袋里掏出一把弹簧刀，奋力刺向爸爸……

我们发现，这起人伦惨剧中的孩子正好处在14岁的年龄，让人扼腕叹息。

有些家长自己都不成熟，发现孩子不听话时容易着急上火，带着情绪批评教育孩子，甚至对孩子拳打脚踢。可想而知，孩子会有何反应？因此，提醒家长们一定要保持平和的心态，控制好情绪，调整教育方法，理性客观地思考问题、解决问题，这样教育孩子才会更有效。

3.多点儿陪伴，营造良好的家庭氛围

14岁左右的孩子觉得自己长大了，希望像成年人一样去处理问题和解决问题，但由于缺乏经验，往往容易碰壁和失败，这会让他们感到非常痛苦。因此，他们经常处于混乱和矛盾的心理状态之中，他们非常需要父母的陪伴、关爱和开导。如果父母给孩子足够的陪伴，陪孩子吃饭、聊天、做一些孩子感兴趣的事情，营造良好的家庭氛围，让孩子感受到家庭的温暖，获得足够的安全感，那么孩子的叛逆行为将会减少很多。

14岁是诗一般的年华，是花一样的季节，是青春的开始，是梦想的开端。请父母适当放下忙碌的工作，合理地安排生活，用心地陪伴孩子走过14岁，让孩子尽情开启豆蔻年华，尽情地释放自我活力。

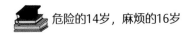

青春期的最佳教养策略：做一个权威型父母

青春期的教育是一门深奥的艺术，需要正确的教养方式作为指导大纲。所谓教养方式，是指父母将社会价值观念、行为方式、态度体系及社会道德规范传递给儿童的方式和方法。每个家庭对孩子都有不同的教养方式，美国心理学家鲍姆林德根据"情感联系"和"行为控制"两个维度，将家庭教育分为四种不同的教养方式，即溺爱型、专制型、忽视型、权威型，这四种不同的教养方式对孩子的学习和成长有着不同的影响，进而会培养出四种不同性格的孩子。

教养方式1：溺爱型

溺爱型父母对孩子抱有积极肯定的情感，但在行为控制方面对孩子缺乏要求，他们放任孩子的言行，任由孩子说脏话、骂人，纵容孩子贪玩、看电视、玩手机等行为。孩子提出什么要求，他们会尽可能去满足。当孩子违反规则时，他们视而不见或全盘接受，很少告诉孩子"这样做不对，正确的做法是……"更不会训斥孩子。

这种教养方式养出的孩子往往心理不成熟，独立能力差，意志品质差，攻击性强，喜欢以自我为中心，缺乏团体合作意识等。

教养方式2：专制型

专制型父母在行为控制方面会对孩子提出高期望、严要求，他们希望孩子绝对服从自己，希望孩子按照自己设计的蓝图去成长，对孩子的行为严格监督。如果孩子违反规则或犯错，他们会严厉地惩罚孩子。在情感方面，他们很少考虑孩子的意愿和感受，让孩子感受到的是冷漠和忽视。

这种教养方式养出的孩子常常会感到焦虑、恐惧、不快乐，甚至遇事恐惧和退缩，他们的自我调节能力、环境适应性、人际交往能力都比较差，亲子关系和同学关系往往也比较糟糕。

教养方式3：忽视型

忽视型父母对孩子既缺乏情感联系和爱的关注，又缺少行为方面的要求和控制，亲子间的互动也很少。对于孩子的行为，他们经常流露出厌烦和爱答不理的态度。对于孩子物质方面的要求，他们往往会予以满足。他们宁愿花钱安抚孩子，也不愿意花时间和精力去陪伴孩子。

有些家长觉得："留守儿童的父母才算忽视型，我每天和孩子生活在一起，怎么可能属于忽视型父母？"事实让人大吃一惊，有人做过一个超过800名学生样本的调查，结果显示，超过38%的孩子认为自己的父母是忽视型，这些孩子恰恰和父母生活在一起，每天都会见面说话。可见，判定忽视型父母的关键是看他们是否和孩子互动，是否给孩子积极的引导和控制，而不在于是否和孩子住在一起，是否每天都见面。

忽视型父母教养出来的孩子通常会有点儿内向，并且缺乏安全感，对外界抱有不信任的态度，有较强的攻击性，不懂得为别人考虑，对他人也缺乏热情和爱心。

教养方式4：权威型

权威型父母对孩子的行为关注度高，懂得与孩子建立好的情感联系，理性且民主，他们尊重并鼓励孩子表达自己的观点，他们会对孩子的行为和情感需要及时做出反应。这一类型的父母会对孩子提出合理的要求，并为孩子设定一系列的规则。同时，他们对孩子不会过于严格，而是奖罚分明，并给孩子营造一个充满爱的氛围，在孩子心目中具有很强的权威性。

权威型父母教出的孩子通常会比其他三类教养方式教出来的孩子更聪明、更独立，更善解人意，他们有很强的自尊心和自信心，懂得遵守规则，善于团结协作，有很强的责任心，喜欢与人交往。另外，他们的幸福感强烈，自我控制能力较强，具有较好的道德成熟性。

对比以上四种教养方式，我们会发现权威型教养方式是一种行为关注度高、在情感上偏于接纳和温和的教养方式，对孩子的心理发展具有很多积极的影响。毫无疑问，它是最佳的教养策略。它既让孩子感到温暖，又给孩子设定了界限，并且尊重孩子的自主权；既给孩子自由，又给孩子支持；既给孩子提供安全的港湾，又鼓励孩子探索自我。所以，它可以让孩子灵巧地冲过青春期的激流险滩，保持内心最好的平衡状态。

那么，怎样才能成为权威型父母，怎样做才符合权威型教养方式呢？

1.给孩子无条件的爱

想要成为权威型父母，首先要给孩子无条件的爱。有研究机构做过调查，发现青春期孩子比年幼时期更需要父母的爱，虽然他们渴望摆脱父母的控制，获得真正的自由，但是他们也害怕在长大后被父母"抛弃"（心理上的抛弃）。如果父母不向他们表达爱，他们会感觉到被抛弃。所以，无论青春期的孩子怎么叛逆、怎么捣乱，请无条件地爱他，给他足够的关爱，营造良好的亲子关系，让他获得足够的安全感。

2.设定清晰、合理的规则

爱是前提，规则是保障。爱孩子，但不能忘记教孩子规则和规矩。"熊"孩子怎么养出来的？多半是父母只知道爱孩子，而不教孩子规则和规矩造成的。权威型父母给孩子的规则以合理为基础，他们愿意与孩子讨论规则，并解释为什么要设置这样的规则。虽然孩子可能不认同某个规则，但最终他们会要求孩子遵守规则。

研究表明，如果父母愿意和孩子讨论问题，而不是自以为是地独断专行，那么这种父母教出的孩子会更有爱心，更懂礼貌。研究还表明，青春期的孩子能够清楚地区分哪些规则是有意义的，哪些规则是父母随意的、专断的。

3.平衡自主与控制的关系

青春期的孩子渴望自由，希望尝试和探索，想要体验新的感觉，喜欢在没有父母管束的情况下做自己。这是孩子应该拥有的自主权，父母一定要避免对孩子过度控制。当孩子要求更多的自主权时，如果父母想当然地说"不"，而不思考孩子真正想要什么，为什么想要，那么很容易引起孩子的反感和叛逆。

权威型父母懂得根据孩子的年龄、需要和能力，逐步放开对孩子的控制，逐步把自主权授予孩子，让孩子去承担责任。在不涉及孩子健康和安全的情况下，他们不会轻易干涉孩子，目的是让孩子有机会在犯错中学习，在改错中进步。即使孩子因懒床而迟到，或因作业没写被老师留堂，他们也允许这类事情发生。

4.做坚定而公正的父母

设置规则之后，结果只有两种情况：一是孩子认真遵守规则，二是孩子违反规则。当孩子违反规则时，权威型父母不会反应过度，尽管他们会给孩子适当的惩罚，且惩罚都是提前约定的，他们也会坚持要求孩子接受惩罚，但他们内心也知道惩罚不是唯一的应对方式。他们会告诉孩子："你的行为让我很难过，希望这种事情不要再发生。"你看，他们只是表达对孩子行为的不满，而不是表达对孩子的不满。与父母关系好的孩子都想得到父母的认可，而不想看到父母失望和难过，因此下次他们会遵守规则。

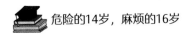

青春期，是孩子留给父母的最后机会

青春期是孩子各种问题的集中爆发期，沉迷游戏、离家出走、抽烟酗酒、厌学逃学、早恋等现象比较普遍，那么为什么青春期孩子会出现这么多问题呢？美国心理学家埃里克森认为，人的心理发展是有规律的，青春期是孩子心理发育的第五个阶段，也是孩子性格变化最大、问题最多的时期。很多孩子在这一时期像变了个人一样，让父母大惑不解。

有位母亲大吐苦水，说不知道该怎样与青春期的儿子相处，她说：

"儿子上小学的时候特别懂事，每天放学回家自觉写作业，吃完饭还帮忙收拾碗筷，家人打扫卫生时他也会搭把手。上三年级的时候，他就学会了做饭。为此，我和丈夫都感到欣慰。"

如今孩子上初二，变得让我们不敢相信了，他动不动就顶撞道："说够了没有！我不用你管！"多说他几句，他就边吼边叫，摔上房门。他好像浑身都是刺，说不得也碰不得，否则只会让我们伤心。他做事不积极，游戏成瘾，学习懒散，狐朋狗友一大堆……就像是上天派来折磨我们的。"

细数起孩子的"罪状"，这位母亲一口气说了半天，但问起她如何应对时，她却无可奈何："这不是叛逆期吗？只能顺其自然了。"

看看我们周围，有类似苦恼又束手无策的家长还有很多，他们想当然地认为"青春期再可怕，熬过去就好了"。殊不知，青春期是整个家庭教育阶段最难的一段，也是孩子心理和人格发展的关键阶段，还是孩子留给父母的黄金教育时段，甚至可以说是孩子留给父母的最后机会。这一阶段，父母对孩子的教育方式，直接决定了青春期是危险期，还是机遇期。

1.了解孩子的心理特点，掌握迂回策略

青春期孩子由于大脑和激素的变化，往往具有两个心理特点：一是大脑前额叶皮质发育不完全，容易冲动；二是自我意识强烈，重视同龄人的观点胜过父母的观点，对他们而言同伴的话就是行动指南，而父母和老师的话却没有道理。

了解孩子的这两个心理特点后，父母要做的就是别和孩子硬碰硬，要避其锋芒，使用迂回策略。比如，想让孩子接受某个观点，不要给孩子讲道理，更不要和孩子争论，想让孩子做什么，千万别命令孩子"你应该""你必须"，而要设法让孩子的朋友去劝说孩子。为此，我们可以关注孩子的交际圈，支持孩子去交友，鼓励孩子把朋友带到家里，给他们开派对，或创造机会让孩子接触更优质的圈子，交更优质的朋友。

2.支持、鼓励孩子做自己感兴趣的事

青春期的孩子自主性较强，对于自己感兴趣的事情，他们往往会乐此不疲，比如打篮球、踢足球、画画、弹吉他、滑旱冰、攀岩、打羽毛球、打乒乓球、玩网游等。孩子在做自己感兴趣的事情时，可以缓解青春期内心的焦虑感和紧张感。然而，很多父母见孩子总是做这些与学习无关的事，往往会阻挠、禁止孩子，或在孩子耳边唠唠叨叨，让孩子心烦意乱，叛逆情绪激增。

其实，通过做自己感兴趣的事情，孩子可以获得精神力量，更好地缓解学习压力。因此，千万不要为了学习成绩，强行阻止孩子做这些。明智的做法是，支持、鼓励孩子去发展自己的兴趣，比如，给孩子经费支持，观看孩子打球，甚至陪孩子一起运动等。同时要与孩子协商好时间分配，特别是孩子爱玩电脑游戏时，更要重视，以防孩子游戏成瘾。

3.珍惜青春期与孩子共同成长的机会

青春期是孩子留给父母最后的教育机会，也是父母有必要调整错误教养方式的最后阶段。因为如果这个阶段父母再不调整错误的教养方式，一旦孩子青春期结束，再改变孩子就非常困难了。因此，家长要珍惜与青春期孩子共同成长的机会，和孩子共同探索更和谐的亲子关系。

2020年4月8日，一条名为"父亲拍18岁的女儿赖床视频发家庭群里"的微博上了热搜，评论超过5万条，而且几乎一边倒地指责父母。为什么这件家庭琐事会上新闻呢？事情是这样的：

4月7日晚上11点，警方接到一位母亲的报警，说丈夫和女儿在房间对峙，女儿还拿着一把剪刀。警察赶到现场时，父女双方冲突已平息。这场对峙发生的原因是，当天下午3点女儿有网课，但2点时父亲见女儿还躺在床上，就掀开女儿的被子拍了一段视频，发到家庭微信群里。

母亲看到这段视频，回家责怪女儿不懂事。女儿很烦恼，再次躲进房间，钻进被窝，父亲冲进来再次掀开女儿的被子，质问女儿："你怎么又睡了？"

女儿特别委屈，平时她在家比较勤快，家务活都会帮忙做，结果还被母亲责备，被父亲屡次掀被子，最后她彻底怒了，于是拿起了剪刀……虽然事情并未升级恶化，但问题是，父母丝毫没有意识到自己的问题，始终觉得女儿不懂事。

例子中的女孩18岁了，已经长大了，但这对父母并未长大，他们依然用对待儿童的方式对待18岁的女儿，尤其是父亲的行为很不妥当，这正是网友们愤怒的原因。

首先，父亲对孩子缺乏性别界限感，不懂得尊重女儿。女儿18岁了，父亲进房间不敲门，还直接掀被子，完全没有界限感。

其次，父亲对女儿缺乏尊重意识。他把女儿的视频发至家庭群，把女儿的丑态公布于众，完全不顾及孩子的感受。要知道，青春期的孩子非常在意自我形象，把孩子的丑态公开，无异于损毁孩子的形象。

第三，缺乏放权意识。女儿的网课3点开始，但父亲2点就坐不住了，这明显是过多干涉、越俎代庖的行为，其背后则是父亲的控制欲在作祟。

美国教育专家马文·马歇尔曾说："当我们种下的花没有我们预期的长得那么好时，我们不能怪花，而应当从自己的种植方面寻找原因。"同样，当青春期的孩子出现这样那样的问题时，父母是否应该反思自己的教育方式呢？

第 5 章
父母最关心的问题——学习和社交

　　青春期的孩子正处于中学阶段，这一阶段是学习和社交的关键期，怎样让孩子取得好的学习成绩，怎样让孩子在社交中获得好的人际关系，是父母最关心的问题。尽管父母的出发点很好，但在教育孩子时一定要注意方式方法，既给孩子指导和帮助，又避免引起孩子的反感。

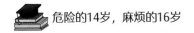

孩子懂得学习的重要性，家长不必唠叨、催促

孩子进入青春期后，家长们不是担心孩子沉迷于游戏，就是担心孩子乱交朋友，再不就是担心孩子"早恋"。其实归根结底，家长最担心的是这些事情会耽误孩子的学习。生活中，经常有父母说："孩子整天惦记着玩手机，都快考试了，还一点儿学习积极性都没有。""作业不及时完成，我催促几声，他还嫌我烦。""不爱看书，我唠叨几句，他还嫌我啰唆。"这些父母不仅不反思自己的行为，反而抱怨孩子嫌弃自己。

小轩还有一年就中考了，他的成绩在班里中等偏上，父母却不满意，多次向老师打听儿子的成绩，老师告诉他们："小轩的进步空间很大，还需要加把劲！"于是，他们加大力度催促小轩，催他做作业，催他预习，催他复习，催他多读课外书。

除了催促、唠叨，父母还喜欢监督小轩学习，生怕小轩学习不认真，他们经常对小轩说："爸爸妈妈都是名校毕业的，你也要考个好学校才行。"这让小轩感到"压力山大"，甚至开始厌恶学习，成绩一降再降。

有时候小轩觉得学习没有意义，因为他觉得学习是给父母学的，而不是给自己学的。有一次，妈妈又在耳边唠叨学习，小轩忍无可忍顶撞道："你们都是名校毕业的关我什么事？我知道学习的重要性，你别唠叨了行不行，烦死了……"

长期从事犯罪心理和青少年心理问题研究的李玫瑾教授曾经说过："孩子6岁前，父母的话是黄金；12岁以后，父母的话都是垃圾，这个时候你已经没有什么新的话能说了，要做的是点到为止。"尤其在孩子的学习上，父母一定要减少唠叨和催促，适时闭嘴。

其实，有时候并不是孩子学习不努力、不积极，而是父母觉得孩子学习不努力、不积极，即孩子的学习积极性和成绩未达到父母的预期，这让父母感到焦虑。在有些父母看来，孩子除了吃饭、睡觉、上厕所，其他大部分时间都应该用来学习，只要孩子玩游戏、看电视、和同伴玩耍，他们就会忧心忡忡，焦虑万分，认为孩子只知道玩。然而，父母的这种观念会给孩子造成很大的压力，甚至直接阻碍孩子的学习动力。

有一项统计数据表明：父母和孩子每天的谈话内容，85%与学习有关。除了学习，父母和孩子谈论的话题大都是"该睡觉了""该起床了""你必须吃这个，有营养"等，这让孩子觉得父母像监工，导致亲子间的情感联系被这个冷漠无情的角色切断。孩子长期生活在被唠叨、被催促的紧张、焦虑、充满冲突的家庭氛围中，不知不觉就产生了抵触情绪，他们会觉得学习很辛苦，爸爸妈妈只关心学习成绩，根本不关心他们是否快乐。他们还会觉得学习不是自己的事，而是为了完成父母布置的任务。因此，他们容易本能地逃避学习，失去学习的主动性。

那么，父母应该怎样对待孩子的学习问题呢？

1.调整心态，放下对孩子未来的过度焦虑

在讲述孩子中考的热播剧《小别离》中，有一段经典台词："如果你不好好

学习，就考不上重点高中；考不上重点高中，你就考不上重点大学；考不上重点大学，你这辈子就完了。"这种想法绝不只是电视剧中才有的，在现实生活中也很常见，它充分反映了当下很多家长对孩子学习及未来的担忧和焦虑心态。

很多家长只要发现孩子不在书桌前学习，就感到焦虑和烦躁。只有看到孩子在认真学习，心里才舒服。其实，这种焦虑与孩子是否在认真学习关系不大，而是家长自身焦虑的一种投射。因此，家长务必调整自己的心态，放下对孩子未来的过度担忧和焦虑，放下对孩子学习的唠叨和催促，把精力转移到"如何丰富生活"这个主题上去，这样就不会给孩子太多压力，自己也能更好地享受生活。当孩子觉得压力小了，家里有趣了，身心就放松了，也更愿意和父母沟通。

也许有家长会问："难道家长不可以和孩子谈论学习？"当然不是，你可以减少谈学习的频率，比如每周谈一次。然后观察孩子的变化，并拿着"放大镜"找孩子的优点，看孩子现在比以前有哪些进步，再去肯定孩子、鼓励孩子。

2.和孩子一起学习，营造积极的学习氛围

某省高考理科状元曾说："偶尔我也会厌学，不想看书。爸妈也发现了，但是他们不多说什么，而是把电视关掉，坐下来看书。我看到他们都在看书，也就不好意思不看了。"

现在不少家长一边催促孩子学习，一边沉迷于玩手机、看电视、打麻将，既没有给孩子做学习的表率，也没有营造良好的家庭学习氛围。这种说一套做一套的行为，会让正处于青春期的孩子感到不满。因此，想要孩子爱上学习，家长最好和孩子一起学习，或者做健康有益的事情，努力营造积极的学习氛围。

孩子厌学、学习动力不足的原因

某家长论坛里，一些家长对孩子厌学、学习动力不足等问题非常担忧和困惑：

（一）

家长谢先生说，儿子在小学阶段成绩一直很好，是父母的骄傲。但是进入中学后，儿子对学习渐渐失去了主动性。每天做作业只是为了应付差事，成绩也大不如以前。这让他和妻子非常失望。通过沟通，谢先生得知儿子对学习缺乏兴趣，觉得学习没劲、无聊。他曾用物质奖励来激发孩子学习的积极性，但只是短期有效果。谢先生很无奈，在论坛里问大家：是不是孩子的学习成绩没指望了？

（二）

杜女士的女儿上初二，成绩处于班级中下游，她上课经常走神、开小差，考试成绩总是在及格线上。班主任多次叫杜女士去学校谈话，她作为母亲感到很惭愧。从老师的反馈中，杜女士知道女儿并不笨，只是对学习不感兴趣，缺乏学习动力，但是说到提高孩子的学习兴趣，强化孩子的学习动力，杜女士却无从下手。

以上是关于孩子厌学、学习动力不足的案例。为什么孩子学习积极性不够、动力不足？难道是他们不明白学习的重要性？当然不是，孩子学习积极性不够、动力不足，原因多种多样，下面我们来逐一分析：

原因1：认知能力低下，想学但是学不会

学习成绩的好坏、学习动力的强弱，还与孩子基本的认知能力有关。如果孩子的记忆能力、理解能力、逻辑思维能力等较差，老师所讲的知识点他们往往难以理解，学习成绩自然会大受影响。久而久之，孩子的学习积极性也会消耗殆尽。

原因2：学习方法不对，学习事倍功半

虽说孩子的智商有差异，但事实上，真正因脑子笨而学不会，继而导致厌学的孩子并不多。而且有些孩子聪明伶俐，但是学习成绩平平，究其原因可能与学习方法有关。因为学习方法不对，会导致学习效率低下，作业经常无法按时完成，解题速度太慢等。长期下来，孩子对学习就慢慢失去了信心。

原因3：外界因素干扰，导致孩子不想学习

孩子厌学、学习动力不足，可能与人际关系的干扰或自身情绪不稳定有关，比如，父母关系糟糕，孩子每天担惊受怕，没有安全感；与同学关系不和谐，在学校被人排挤、孤立；自身焦虑、失眠、注意力不集中等，这些原因都容易导致孩子无法静下心来学习；沉迷手机游戏，无心学习，等等。久而久之，孩子成绩下滑，学习积极性大减，到最后发展成厌学。

原因4：孩子对未来没有目标，找不到学习的乐趣和意义

父母经常在孩子耳边唠叨："如果不好好学习，将来……"很少站在孩子的角度看待学习，思考孩子是怎么看待学习的。现在的孩子从小生活无忧，想要什么基本上不用费多大力气就能得到，完全不像父母这辈人，从小生活条件艰苦，只有努力学习，才能改变命运。因此，他们脑子中"通过学习改变命运"的动力

其实很小，他们的口号是什么？是做自己，过自己想过的生活。所以，当父母总是用"你不好好学习就考不上好大学，考不上好大学就完了"这样的理念去教育孩子时，孩子无法产生认同感。

鉴于以上四方面的厌学原因，家长若想激发孩子的学习动力，可以参考以下几点：

1.发现孩子的天赋并重点培养

通过专业机构对孩子智商及各方面的认知能力进行测试，了解孩子是否真的因认知能力低下导致学习成绩糟糕，导致学习动力不足。如果真是这样，那父母不妨放宽心态，对孩子的学习顺其自然，采取多鼓励、少批评的态度，让孩子尽可能找到学习的乐趣。所谓"三百六十行，行行出状元"，或许孩子其他方面有天赋，请珍惜并着重培养。

2.引导孩子反思、调整学习方法

做同样的事情，方法不同，效果大不一样。学习也是如此，适合孩子的学习方法才是最有效的方法，才可以起到事半功倍的效果。因此，父母要引导孩子反思其学习方法上可能存在的问题，鼓励孩子向优等生学习、向老师取经，最后找到适合自己的学习方法。

3.排除干扰因素，优化学习环境

针对外界因素干扰引起的孩子学习动力不足，父母可以多与孩子沟通，了解孩子的心理和情绪状态，了解孩子的人际关系状况，并做针对性的调整。若因夫妻关系糟糕，导致孩子安全感不足，父母要反思自己，调整夫妻之间的相处模式，增进夫妻关系，构建和谐的家庭氛围；若孩子因人际关系不好，导致对上学产生恐惧感和回避心理，那父母可以和老师对接，一起帮孩子改善人际关系；若孩子因焦虑、失眠或沉迷游戏等个人因素导致注意力无法集中、学习动力不足，父母可以引导孩子通过亲子互动、户外运动、集体活动来放松身心，调整心态，

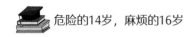

再以饱满的精神状态去面对学习。

4.和孩子一起找到长期学习目标

很多人都有短期的小目标，比如，读一本好书，看一场电影，玩一把游戏等，但长期目标却不明确。其实，长期目标是我们长期努力的方向，没有长期目标我们就会得过且过。比如：想成为怎样的人？将来在什么行业发展？有了长期目标，再去分解制定各阶段的目标，才能一步步达到最终的目的。

家长一定要明白，孩子的长期目标不应该是考高分、考重点大学，而应该是：为实现某个目标而学习相关的知识。这样的长期目标才会激发孩子学习的内驱力，才会让孩子为自己学习。比如，孩子的长期目标是当一名医生，因为医生可以治病救人，为此他会努力学习知识，争取考上医学院。

那么，怎样让孩子找到长期目标呢？很重要的一点是，家长不能给孩子提要求，而要通过沟通让孩子自己找到目标。家长可以和孩子讨论三个话题，最后由孩子确定自己的长期目标：

一是你有什么兴趣？你最享受做哪些事情？做什么事情时你最有价值感？

二是你擅长做什么？你有什么才能？

三是这个世界需要什么？世界上有哪些问题和机会？

也许这三方面的话题对孩子来说太深奥，孩子短时间内无法找到答案，但家长可以和孩子展开进一步的对话，引导孩子并给孩子时间去思考。就算孩子最终找不到答案，确定不了长期目标，那也没关系，至少孩子认真思考过自己的人生。

青春期的孩子更在乎同伴关系

人是生活在各种社会关系中的，人际交往是一种重要的心理需要，也是个人价值的一种体现。对于青春期的孩子来说，人际交往有着特殊的意义，同伴关系对其影响巨大。很多家长发现，这一时期的孩子更重视同伴关系，同伴的话比父母和老师的话更管用。

我们来看一位母亲关于女儿重视同伴关系的讲述：

周五放学回到家，14岁的女儿跟我说："妈妈，明天的羽毛球课程我不想去了。"

这句话让我一惊，因为女儿对羽毛球特别感兴趣，之前从未缺席过一节课。于是我问她："你明天有事吗？"

"是呀，我们班几个女生约好明天下午一起看电影，约了好久，才把时间定在明天下午3点半，正好与我的羽毛球培训课程冲突了。"

我打趣地说："看样子，你一直感兴趣的羽毛球不如电影重要呀！"

女儿嘴巴一噘："我要纠正你的说法，不是羽毛球课程不如电影重要，而是

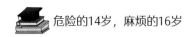

和同学一起看电影更重要。和同学一起看电影，这才是重点。"

女儿的话再次让我吃惊，但几乎就在同时，我马上理解了她的心情。

对青春期孩子来说，父母和老师的评价似乎没那么重要，他们更在乎同伴的评价，由此确认自己在同伴心目中的形象、地位和重要性，最后确定自己是谁。为了得到同伴的好评，他们什么都可以去做，甚至两肋插刀。

有些家长可能觉得这种说法不切实际，那我们不妨看一看那些青少年团伙打架斗殴、违法犯罪的事件，为什么他们明知道打架违法却还要去做？其实正是因为受到了同伴的不良影响。千万不要小瞧同伴的影响力，它其实超出了我们的想象。因此，家长一定要尊重孩子的同伴关系，多了解孩子的同伴，引导孩子与同伴健康交往，让孩子从同伴关系中汲取正能量。

1.跟孩子分享与同伴的相处之道

在理解了同伴关系对青春期孩子的重要性后，家长可以跟孩子分享与同伴的相处之道。比如，真诚地关心同伴，待人大方热情，当同伴有求于自己时，只要理由正当，只要自己办得到，尽可能满足同伴；善于发现同伴的优点，真诚地赞美同伴；主动与同伴沟通互动，邀请同伴一起做些有趣的事情，增进同伴间的感情。

2.理解孩子在与同伴相处中的患得患失

很多家长认为，青春期孩子的学习更重要，成绩差是致命问题。其实，相较于学习成绩，孩子的同伴关系更重要。因为好的同伴关系可以促进孩子的学习，而不好的同伴关系会直接影响孩子的学习。如果孩子成绩一直不错，但是近期有所下滑，且孩子总是闷闷不乐，好像有心事，那你不妨首先考虑是不是孩子的同伴关系出了问题，比如，在校与同学发生矛盾，被同学排挤、欺负等。

一位妈妈说，她女儿与一位名叫珍珍的女生关系挺好，但女儿一直很苦恼，因为只要女儿比珍珍考试考得好，珍珍就不高兴，几天都不理她。她女儿很在意这份友谊，但由于她的成绩比珍珍好，所以每次考试时她都患得患失，考虑要不要考差一点儿。而考试结束后，她又情绪低落、内心忐忑……

如果你家孩子也遇到了类似的情况，千万别对孩子说"你同学怎么能这样……""这样的朋友不要也罢"等伤孩子心的话。你只需要耐心倾听孩子的烦恼，对孩子说："我理解你的心情，我知道你很在乎这份友谊，我知道你很难过，但看重友谊也要有自己做事的原则。"如果孩子向你求助，你可以告诉孩子你的想法，但要尊重孩子的感受。孩子与谁交往、怎么交往，由他（她）来决定。

3.告诉孩子与同伴交往的最低界线

作为父母，我们应该支持孩子与同伴交往，也要告诉孩子与同伴交往的最低界线。因为同伴人格的好坏、行为的优劣，会影响孩子的判断力和价值取向，进而影响孩子的人格发展。而青春期的孩子毕竟年轻，无法判断同伴人格的好坏、行为的优劣。因此，家长有必要帮孩子把把关。

在《谜一样的孩子》这本书里，讲述了17岁少年迪伦的成长经历：

迪伦从小就是乖孩子、好学生，但是17岁那年他却成为校园枪击案的凶手，杀害了13人，重伤24人。这就是1999年美国科罗拉多州科伦拜恩校园枪击案。这个孩子为什么会出现如此大的变化呢？他到底经历了什么？

在回答这个问题之前，我们先看一份关于校园枪击案的研究报告，报告总结了两个发现：一是在研究涉及的34名青少年枪手中，25%是结对行动的。这与成人犯罪单独作案显著不同。二是这些结对子的孩子中，通常有一名精神疾病患者，另一名属于听从型，自主性差，依赖性强，情绪抑郁。而上面案例中的迪伦就是这样的孩子。

所以，家长一定要关注孩子的同伴关系，这种关注度甚至应该超过对孩子学习的关注，而且不能只关注同伴对孩子学习方面的影响，更应该关注孩子与同伴经常聊什么话题，关注他们精神领域的交流。尤其在如今这个年代，青少年交往更多的是通过网络途径，父母更应该高度关注。

青春期男女同学交往有什么好处

生活中，当青春期男孩和青春期女孩因爱好相同、兴趣相投或学习接触较多、交往频繁时，周围很快就会传出各种闲言碎语，说他们关系不正常。特别是有些家长，受封建观念的不良影响，担心孩子"早恋"影响学习，对孩子与异性交往提出种种限制，这会给孩子造成很大的心理压力。

其实，青春期异性交往的机会很多，大多异性交往是正常的。青春期孩子也渴望与异性同学交往，这是青春期心理、生理走向成熟的必然结果，是一种正常的表现。对于青春期孩子而言，他们对异性产生好奇和好感，就像我们日常生活中喝水、吃饭一样，是再正常不过的心理需求和情感需求，家长应该理解这种情感的发生和存在。

心理学研究和实际观察发现：青春期人际交往范围广泛，既与同性交往，也与异性交往的人，比那些只与同性交往的人个性发展更完善，思维更活跃，情感更丰富，心理健康水平更高，更容易形成乐观开朗的性格。可见，与异性交往是孩子健康成长不可缺少的重要组成部分，有利于双方取长补短，有益于身心健康，对个人的生活、学习和今后的工作都有积极的意义。

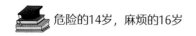

对青春期孩子来说，与异性交往具体有以下几点好处：

好处1：有利于智力上各取所长

心理学研究表明，男女智力虽说无高低之分，但却有类型之别。比如，男性往往擅长抽象逻辑思维，善于总结概括，更适合于抽象思维占主导地位的学科。女性往往擅长具体形象思维，善于想象，更适合于形象思维占主导地位的学科。以青春期孩子为例，男孩相对来说更喜欢数学、物理、化学等学科，女孩往往比较喜欢语文、英语等学科。男孩在解题的灵活性上略占优势，女孩子在作文的叙述描写、遣词造句方面更胜一筹。因此，异性交往有利于提高孩子的智力活动水平和学习效率。

好处2：有利于情感上互相交流

人的情感极其丰富，人与人之间不仅有爱情，还有亲情、友情、敬爱之情、怜悯同情等。因此，不能把男孩与女孩的交往等同于早恋。男孩与女孩之间，完全可以有不带爱情的情感交流，比如相互欣赏、相互鼓励的友情，互相支持、团结协作的同学情谊，这种异性间的情感交流是微妙的，也是在同性朋友身上感受不到的，它有利于丰富孩子的情感体验，给孩子提供情感支持和安慰。

好处3：有利于个性上互相丰富

在异性交往中，男孩可以感受到女孩的细心和耐心、温柔和体贴，女孩可以感受到男孩的勇敢和独立、果断和刚强、豁达和担当。交往范围越广泛，和周围人联系越多样，孩子深入到社会关系的各方面就越深刻，精神世界就越丰富，个性发展就越全面。因此，异性交往有利于个性上互相丰富。

好处4：有利于活动中互相激励

常言道："男女搭配，干活不累。"这就是心理学上的"异性效应"，是一种普遍存在的心理现象，在青少年身上反映尤为明显。当某个活动有异性参加时，比起只有同性参加，参与者的体验感会更愉快，在活动中的表现也更积极，更有创造力。异性之间的吸引力会促使孩子更重视自己形象的完善、更注重自己能力的提升，有利于培养好的气质和性别意识，异性之间的一个眼神、一个动作、一句肯定的话语，都能激励孩子鼓足干劲、充满斗志。

好处5：有利于增进心理健康

近年来，青少年性犯罪仍然时有发生，其中一个原因就是受传统思想影响，家长对孩子缺乏性教育，导致孩子对异性充满好奇心，这种对异性感到神秘和不了解的心理状态，加上好奇心的驱使，非常容易使青少年走向犯罪。还有一些性偏离患者，他们长期缺少与异性交往，导致他们在与异性交往时感到自卑、胆怯和不满，长期发展下去就容易导致心理病变。

相比之下，如果家长重视青春期性教育，让孩子充分了解自身和异性生理、心理知识，支持甚至鼓励孩子与异性正常交往，就可以满足孩子对异性的好奇心，消除两性之间的神秘感，从而有利于培养孩子健康的性心理。

青春期异性交往好处多多，但前提是异性之间正常交往，否则容易带来情绪和行为上的诸多困扰。因此，家长有必要引导孩子用恰当的方式与异性交往。以下几个异性交往原则，值得每一位家长分享给孩子。

1.自然大方原则

异性交往时，言行举止、情感流露、所思所想等要做到落落大方、自然顺畅，既不过分热情夸张，也不过分木讷内敛；既不盲目冲动，也不矫揉造作。所谓"身正不怕影子斜"，只要自己心无杂念，光明磊落，就完全可以像对待同性那样与异性交往，该打招呼打招呼，该握手就握手，该并肩就并肩，不必在意别人怎么看，相信纯洁的友谊经得起时间的考验。有些孩子在与异性交往时容易脸红，这是青春期正常的生理现象，不必太在意。随着交往的增多，脸红的现象也会得到改善。

2.留有余地原则

在异性交往中，双方应保持适当的距离，留有余地，这是相互尊重，是一种礼貌。首先是空间上，要避免身体接触，比如男生之间的勾肩搭背，女生之间的手牵手等行为，在异性之间应该避免，否则显得轻浮。其次，最好的异性交往应该是保持群体模式和公开模式，尽量不要和异性单独活动，特别是不宜晚上或在环境僻静之处单独活动。再者，心理上要有边界感，比如不随便打探异性的隐私，未经允许不宜去异性房间、宿舍，不随意在异性面前乱开玩笑等。

3.自尊自爱原则

异性间的交往很有吸引力但也十分敏感，一定要提醒孩子控制自己的感情，避免对异性产生萌动情爱和性冲动。这是自尊自爱的表现，更是尊重他人的表现。对异性不要提出带有谈情说爱目的的约会，对于类似来自异性的邀约也要婉言拒绝。要做到真心实意为对方着想，要将友谊视为相互鼓励、共同进步的基石，把对彼此的好感化作积极向上的动力，这样的友谊才会长久。

孩子遭遇校园霸凌有哪些征兆

近年来，校园霸凌事件屡屡发生，令人触目惊心。

2019年3月19日，媒体报道了一则名为"一女生遭6名女同学毒打致耳膜穿孔"的新闻，迅速在网上引起热议。

受害者小吴16岁，是云南某技工学校的学生。据知情人透露，事情的起因可能是因为小吴换宿舍得罪了以前的舍友。16日凌晨，原宿舍的6名女生冲到新宿舍，对小吴进行群殴。

"她们6个人对我又踢又打，打晕了又用冷水泼醒，让我给她们磕响头。"面对记者的采访，小吴讲述了自己惨痛的遭遇。

在很多家长眼中，校园是一方净土，是安全的地方，这里有孩子们的欢声笑语，有孩子之间的纯洁友谊。然而，校园霸凌的悲剧却频频上演，就像案例中小吴的妈妈所说："自己做梦也没有想到女儿会受到这样的欺负"。

也许媒体所报道的校园霸凌事件性质太恶劣，离我们有些遥远，但还有很多不那么恶劣的"霸凌"躲在暗处，正在我们身边悄然上演。比如"恶意起绰号""散布谣言，攻击人格""编造谎言向老师告状""故意拿走物品""恶意排挤，有意孤立"，这些都属于校园霸凌的范畴。

有些家长认为这些行为只是孩子之间不懂事的"小胡闹"，对孩子被欺负往往一笑置之，不予重视。殊不知，这些霸凌行为对孩子的伤害远比我们想象的严重。受害者在频繁被攻击、被污蔑、被挤压、被拉扯下，身心严重受伤，自信心严重受损，以至于没有勇气面对生活、学习和人际交往，害怕上学、逃避上学，甚至选择自杀。所以，是时候对校园霸凌提高警觉并有所作为了。

首先，了解什么是校园霸凌，区分它与玩笑有何不同。

校园霸凌又叫校园欺凌，是指发生在校园内外、以学生为参与主体的一种攻击性行为，它既包括直接欺凌也包括间接欺凌。关于这个概念，挪威学者丹·欧维斯（Dan Olweus）认为："一名学生长时间并且重复地暴露于一个或多个学生主导的负面行为之下。霸凌并非偶发事件，而是长期性且多发性的事件。"很明显，霸凌是一方欺负另外一方，并带有身体和语言上恶意的、巨大的侮辱，而玩笑通常是互动时产生的自然矛盾，且不带有恶意性。所以，两者有本质上的不同。

其次，察言观色，及时识别孩子遭遇霸凌后的求救信号。

对于校园霸凌事件，最可怕之处在于——孩子受欺负了，你可能根本不知道。有关研究指出，64%的孩子被霸凌后会选择沉默，独自承受痛苦。原因很简单，要么害怕丢脸，要么担心被家长责骂，或担心家长得知自己被霸凌后反应过激、过度介入，导致霸凌者对自己变本加厉地报复。特别是青春期孩子，自尊心比较强，又渴望归属于某个群体，他们在受到霸凌后心理活动更矛盾、更复杂。因此，从现在起务必做个用心而称职的家长，学会对孩子进行察言观色，及时察觉孩子遭遇校园霸凌后的求救信号。

家庭教育类栏目《老师请回答》中，有一期节目讲到"校园霸凌"这一话题，主持人问现场嘉宾："如何从孩子的蛛丝马迹中，看出他可能在学校受到了欺负？"

几位嘉宾分别做了发言，回答大体上有这样几点：

"孩子最近总是祈求家长来学校接他放学，以前几乎没有这种现象。"

"生理上出现一些不良反应，比如拉肚子、呕吐等。"

"情绪特别暴躁，爱发脾气，或出奇地沉默，在家不跟家人交流，而是闷在房间。"

"孩子精神状态涣散，充满了恐惧情绪，无法集中注意力学习。"

"动不动就委屈地落泪，当在电视或电影上看到相关的情节时，会产生较大的情绪波动。"

除了嘉宾所说的几种情况，孩子遭遇霸凌后还会出现以下几种情况：

（1）孩子的鞋子、衣物、文具等个人物品经常丢失，且孩子解释原因时吞吞吐吐。

（2）孩子近期频繁出现失眠、做噩梦等现象，与以往相比很反常。

（3）孩子回家后才上厕所，可能学校厕所是孩子遭遇霸凌的场所。

（4）孩子身上无故出现淤青、抓伤等人为伤害的痕迹。

（5）孩子平时乖巧，近期却无端逃学、装病请假。

（6）孩子经常回家后情绪沮丧、沉默寡言。

（7）孩子突然有自我伤害或自虐的倾向。

当孩子出现以上一个或多个信号时，家长一定要高度注意，可以和孩子谈心，了解孩子的遭遇。如果孩子不愿意坦诚相告，家长可以向老师及与孩子关系较好的同学打听情况。

再者，如果孩子真被欺凌，家长该怎样应对？

如果孩子真的遭遇校园霸凌，家长该怎样应对呢？做个愤怒的家长，带着孩子去找施暴者算账？还是做个息事宁人的家长，简单安慰孩子几句，认为这是偶然事件？或者做个愚蠢的家长，责备孩子在校惹事？显然，这三种应对方式都不可取。正确的应对方式应该包含以下几个步骤：

第一步，尽量让自己冷静下来，认真倾听孩子倾诉遭遇。

第二步，接纳孩子的负面情绪，对孩子表达关心，切勿抱怨孩子："怎么就你被人欺负了？人家怎么不欺负别人？""你怎么这么胆小啊？"另外，也不能急于分析是非对错。

第三步，跟孩子商量应对校园霸凌的对策，鼓励孩子勇敢面对，甚至要鼓励孩子"还回去"，坚决捍卫自己的权益，而不是全权替孩子解决。关于这一点，看下面的一个例子。

在《开讲啦》这档节目中，青少年心理问题研究专家李玫瑾表示：每个家长都应该告诉自己的孩子，挨打的时候一定要还回去。

理由是校园欺凌事件大都具有持久性和习惯性，如果孩子一味地忍让，很容易被施暴者视为"好欺负"，只会导致他们变本加厉地施暴。所以，第一时间还击，适当的自我保护，是很有必要的，会让施暴者感觉受害者"不好惹"。

美国心理学家约翰·卡特（John Carter）也有类似的观点："父母要鼓励孩子打回去，反击是降低孩子被校园欺凌概率最有效的方式。"通过对校园欺凌的调查，约翰·卡特发现："被欺负者反击，90%以上的施暴者会长期停止其欺凌行为。"

所以，打回去是为了证明"我不软弱"，家长要给孩子回应霸凌的动力和勇气，告诉孩子："父母是你最强大的后盾，永远站在你的身边，你勇敢地反击吧！"同时培养孩子的反击能力，这是孩子成长道路上受用一生的礼物。

第四步，跟孩子一起收集校园霸凌的人证、物证，让施暴者及其家长在事实面前乖乖就范。如果情况严重，应及时对接校方并选择报案，通过有关部门来了解、处理问题。

最后，预防高于一切，教孩子避免成为校园霸凌的受害者。

凡事预则立，不预则废，预防永远比救火重要。在此，给家长几点预防孩子成为校园霸凌受害者的建议，让孩子拥有护身符。

（1）让孩子在穿、用等方面低调，不要过于耀眼、张扬，所用物品不宜太高档、昂贵，避免被不怀好意的校园霸凌者盯上。

（2）提醒孩子在校不要主动与同学起冲突，如果有冲突，要向老师报告。

（3）上学、放学和同学结伴而行，按时回家，不走偏僻小道。

（4）引导孩子利用课余时间进行体育锻炼，强健体格，减少受欺凌的可能。

（5）告诉孩子，如果不幸遭遇欺凌，可以这样做：一是大声警告对方："你们的行为是违纪违法的，会受到严厉的处罚。"二是一定不要哭泣，要尽可能拖延时间，寻求老师、同学或路人的保护。三是事情发生后，不要憋在心里，要及时告诉家长、老师。

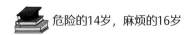
告诉孩子：保护好自己比什么都重要

在日常生活中，孩子周围难免会有一些危险因素，比如校园霸凌、拦路抢劫、入室盗窃、性骚扰、溺水、火灾，等等。这些危险因素，有可能使孩子受到伤害，甚至被夺去生命，令人深感痛惜，却又感到无力。那么，作为青春期孩子的家长，我们是不是应该把孩子的安全教育放在第一位呢？答案是肯定的。

那么，家长应该怎样教育孩子保护自己呢？

1.告诉孩子：生命永远最重要

家长要告诉孩子：生命永远是最重要的。当面临天灾人祸，比如遭遇火灾、歹徒抢劫时，要优先保护自己，要懂得钱财等都是身外之物。以遭遇抢劫为例，当自己和歹徒力量悬殊时，可以主动放弃财物以求自保，等脱离危险再去报警求救。

东北某中学一女生宿舍曾发生过一起抢劫未遂案：

17岁的王某长期在社会上游荡，这天他没钱花了，就把邪恶的目光对准了附近中学的女生。当晚，他从水房窗户爬到女生宿舍三楼的洗手间。一名女生进来洗漱，看见这一幕吓得大声尖叫。王某冲上去捂住了她的嘴巴，这时又进来一名女生，看见这阵势也吓得边呼喊救命，边往宿舍跑。王某放开原先那个女生，拿出匕首去追第二名女生。那名女生跑进宿舍，王某随即跟了进去，这一突如其来的危险惊醒了睡觉中的小吴。小吴见王某手持匕首，凶神恶煞一般，于是极力保持镇定，说："冷静一点儿，你要什么我们给你就是了！"在随后的交谈中，王某意识到了自己行为的后果，最终放弃了抢劫。

在这起抢劫未遂案件中，抛开抢劫者王某突然良心发现不说，女生小吴的表现起了非常重要的作用。她的这一做法值得每个孩子学习，因为她懂得在生命遭遇危险时主动放弃财物，以保证自身安全。家长不妨把这个案例讲给孩子听，并这样告诉孩子："钱和喜欢的东西没了，爸爸妈妈还可以给你钱、给你买，但如果命丢了，所有财物都没意义了。"同时，为避免遭遇抢劫，还要告诫孩子不可独自在外逗留太晚，人少时最好不走过街天桥和地下通道，挎包不可单肩挎背，应斜跨于身前，以防被飞车抢夺。

2.告诉孩子：在家也要注意安全

虽然在家比在外面安全很多，但家长也应提醒孩子保持警惕。在家首先要防止坏人入室盗窃、抢劫，因此遇到陌生人敲门，不管对方的理由是推销商品、送快递，还是物业检查水电煤气，抑或是父母的朋友来访等，千万不要轻信，更不要开门。如果无法确定真假，可教孩子先与家人打电话核实，再听从大人的安排。

3.告诉孩子：当别人让你不舒服时，要敢于说"不"

我们经常教育孩子不能欺负别人，但保证不了别人不欺负我们的孩子。当我们的孩子被欺负时，难道任由对方欺负吗？当然不是，家长必须告诉孩子："当别人欺负你，让你不舒服时；当你的身体受到侵犯、心理受到伤害时，要勇敢地拒绝，甚至要敢于反击。"比如，别人有意无意地推孩子一下，用脚绊孩子一下，恶意往孩子身上丢东西，可教孩子先提醒对方，若提醒无效，可告诉老师或直接反击，这样可以向对方传达"我不好惹，我不怕事"的态度，给对方以震慑。

4.告诉孩子：不要轻信陌生人，更不能随便食用其给的饮品和食品

我们经常教育孩子要懂礼貌，要主动和别人打招呼，要向长辈问好，但也应该告诉孩子："不要和陌生人搭讪，也不要轻易回应陌生人的搭讪。如果陌生人问路，自己知道的路线就告诉他；如果自己不知道，那就告诉陌生人：'我不清楚，你还是问别人吧！'如果陌生人给你吃的，就算对方是同学的同学，并且同学在场，只要给你食品的人你不认识，就不要轻易食用他给的食品和饮品。"因为十几岁的孩子不能准确地分辨陌生人的好坏，也没有太大的能力帮助陌生人。因此，选择不予理睬、有意远离、有所防备才是最安全的。

5.告诉孩子：面对性要求时要学会巧妙拒绝

对于青春期的女孩来说，应树立正确的性爱观念。因为青春期的身体没有发育成熟，且青春期孩子避孕知识有限，如果发生性行为很容易带来怀孕风险，到最后无论是从生理上还是心理上，对女孩的伤害都是非常大的。因此，家长一定要让女孩明白："青春期不可以发生性行为，当男生向你提出性要求时，要学会坚定而巧妙地拒绝，切不可犹豫不决，半推半就，即便对方是你最好的异性朋友，或者是你的男朋友。"

6.告诉孩子：先保护好自己，再想办法救助别人

2020年6月21日下午3点半左右，重庆市潼南区米心镇某村发生一起溺水事件，8名学生全部溺亡，令人十分痛心。这起事故的原因是，一名学生不慎失足落水，旁边7名学生前去施救，结果无一生还。

　　每年夏天都有青少年群体溺水事故发生，值得注意的是，这类事故的发生经常是一个孩子落水，其他孩子去救援，结果救援的孩子也遇难。作为家长，千万不要再用成年人的思维，将孩子之间的互救行为单纯视为友情和勇气的体现，而要让孩子明白：在自己能力不足的情况下去救人是鲁莽的，更是危险的。

　　新修订的《中华人民共和国未成年人保护法》强调：要增强未成年人的自我保护意识和能力。也就是说，不再提倡、鼓励、宣传未成年人实施与自身能力不符的见义勇为行为。这并不是让孩子放弃道义，变得冷漠，而是教孩子先保护自己，再救助他人，避免身陷险境，白白牺牲。这是对生命的敬畏，也是成熟社会应有的共识。

　　那么，当同伴落水时，孩子应该怎么做呢？家长可以告诉孩子："要立即呼叫周围的大人帮忙，或找长竹竿把落水的同伴拉上来。用竹竿拉的时候，也要注意自己的安全，切勿被同伴拉下水。因为人在危险的时候，会本能地胡乱挣扎。"

　　总之，在现代社会，家长一定要赋予孩子保护自己的能力，让孩子变成一枝带刺的玫瑰，在保护自己的同时美丽绽放。

第 6 章

沟通三原则：不唠叨、不较劲、不失控

青春期孩子迫切地想要独立，自尊心强，敏感又爱面子，如果依然把他们当作小孩反复唠叨、训斥不断，和他们较劲，他们一定会做出更加抗拒和叛逆的举动。因此，与青春期孩子最佳的沟通策略是适可而止、点到为止，不唠叨、不较劲、不失控，学会理性地沟通。

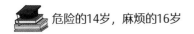

青春期孩子最讨厌什么样的聊天方式

不知家长们是否发现：孩子进入青春期后，不知不觉间与家人的沟通就少了很多，经常是大人问一句，孩子敷衍地答一句。比如，家长问孩子："今天过得怎么样？"得到的回答往往是："就那样！""还行吧。"然后就没有下文了。有时候家长想和孩子多聊几句，但无奈孩子没有聊天的欲望，或开始聊得挺好，但聊着聊着突然就不说话了，这到底是怎么回事呢？

其实，并不是孩子不愿意和家长聊天，大多时候是家长不善于和孩子聊天，经常用孩子讨厌的方式聊天，孩子觉得没意思，自然就不愿意聊下去了。那么，青春期孩子最讨厌什么样的聊天方式呢？

1.功利性聊天

很多家长和孩子聊天，三句话不离"本来意图"，聊什么都能聊到学习上，本来孩子还想跟家长分享一下心里话，到最后却被家长的说教惹恼，只好以沉默收场。

家长："今天在学校过得怎么样？"

孩子："今天挺开心的，上了一节很有趣的体育课，老师让大家分组进行团队游戏大比拼，可好玩了！"

家长："体育课开心，上其他课就不开心吗？有没有学新知识？掌握得怎么样？"

孩子：……

看吧，聊什么都能聊到孩子的学习上，好像孩子做了一点儿与学习不相关的事情就是一种错，显得太急功近利，目的性太强，让孩子非常反感。其实孩子知道学习的重要性，根本不需要家长整天挂在嘴边提醒，提醒、说教越多，孩子逆反心理越强。

2.审问式聊天

有些家长接孩子放学时，一路上不断地询问孩子在校的情况，语气机械、生硬，让孩子觉得是在调查自己，非常不舒服。

家长："今天过得怎么样？"

孩子："嗯，今天交了个特别聊得来的朋友，等会儿我还想跟他网上聊天呢！"

家长："他是男的还是女的？"

孩子："女的。"

家长："女的？你们可要保持距离，别太亲密，不然会有风言风语。她成绩怎么样？"

孩子："还行吧！"

家长："还行是怎么个水平？班级中游？"

孩子："差不多吧！"

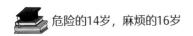

　　家长："那你可要注意了，别让她影响了你的成绩。"

　　孩子：……

　　看吧，一句"我交了个特别聊得来的朋友"，就引出家长一连串的提问。试问，今后孩子还敢如实回答父母"今天过得怎么样"这样的问题吗？恐怕孩子会想"多一事不如少一事"，还是直接回答"还行""不错"更省事。

3.寸草不生式聊天

　　有些家长学识渊博，或假装有学识，只要孩子聊到某个话题，他就滔滔不绝地发表观点，孩子望而却步、自愧不如。或孩子提出某个观点时，家长把孩子批评得体无完肤，让孩子非常不舒服，非常逆反。这就是"寸草不生式聊天"。其实，不是家长的看法不对，孩子才不愿意听，恰恰是因为家长的观点太对，让孩子显得很"蠢"，才导致孩子越来越不想和家长聊天了。

4.打压式聊天

　　很多家长自以为善于聊天，认为跟同龄人都能聊得不亦乐乎，更何况跟孩子聊天呢？如果你也这样想，那就大错特错了，因为孩子不像成年人那样懂得迎合你，孩子是最真实、最坦诚的，而且有时不按常理出牌，如果你没有点儿沟通技巧，很容易把天聊死。

　　孩子："妈妈，我想跟你说个事儿。"（这是孩子主动发起的聊天，看来孩子有求于妈妈。）

　　妈妈："说！"（这回应的语气有点硬气。）

　　孩子："妈，我想买一双运动鞋。"

　　妈妈："你不是有两双运动鞋吗？买那么多干吗？穿得过来吗？"（这是在否定孩子的想法，打压孩子的愿望。）

孩子："就给我买一双嘛！求求你了！"（孩子已经撒娇示弱了，显然特别渴望有一双新的运动鞋。）

妈妈："不买，赶紧做作业去！"

孩子："哼！不买拉倒！"说完，转身进了房间，"砰"的一声关上了门。

看吧，这就是典型的把天聊死的例子，而且激起了孩子和家长之间的矛盾。如果妈妈能在孩子提出诉求时，温和地问孩子原因："为什么突然想买一双新运动鞋呢？"可能后面的聊天会是这样：

孩子："因为我们学校要举办运动会，我担任升旗手，老师说要买一双白色的运动鞋。"

妈妈："哇，那真是很光荣的事情，那必须注重形象，白色运动鞋要买……"

你看，这样聊天是不是一下子拉近了亲子关系，让孩子觉得热血沸腾。所以，聊天的时候千万别打压孩子，别给孩子泼冷水。

以上就是青春期孩子最讨厌的聊天方式，家长一定要避免采用这样的方式。想要孩子愿意和你聊天，就必须保护孩子聊天的意愿，同时还要注意以下技巧。

1.多说题外话

为什么建议家长和孩子多说题外话？很明显，为的就是制造轻松有趣的聊天气氛，激发孩子聊天的意愿，打开孩子的话匣子。所谓题外话，即撇开孩子的学习问题，顺着孩子的思路聊些孩子感兴趣的话题。比如，孩子说上体育课进行了团队游戏大比拼，那你不妨问孩子："什么团队游戏那么有趣？""几个人一组啊？""最后你们团队赢了吗？"这些问题都能充分激发孩子跟你聊下去的意愿，保证你们的聊天停不下来。

2.多用语气词

与孩子聊天的时候，可以试着多用语气词，表达出欣喜、吃惊、惊叹、难以置信等语气，如"太好啦""是吗""真的呀""不会吧""我的天啊"，能够有效地制造轻松愉快的聊天氛围。这与"审问式调查"的沟通方式带给孩子的感觉是大不一样的，因为这种语气能表达出你对下面内容的好奇，更能激发孩子的表达欲。

3.多听少说

跟孩子聊天时，家长千万不要表现得什么都懂，而要学会示弱，假装无知，尽量少说多听。家长可以假装不明白，表现出想要听下去的强烈兴趣，刺激孩子去分享。另外，当孩子说话的时候，要认真倾听并对下文继续保持好奇，而不要轻易打断，即使孩子的观点明显错误或你不赞同，也要克制住反驳的欲望。当然，等孩子说完你可以用建议性的提问引发孩子从不同的角度思考问题，或直接提出自己的想法供孩子参考。

4.挑好时间

想跟孩子聊天，还需要挑好时间。当孩子正入神地看电视、玩玩具或写作业时，如果你突然凑过去跟他聊天，是不是会打扰到孩子，让孩子不舒服？或者孩子无心跟你聊天，对你敷衍了事呢？所以，聊天时尽量选在孩子有空闲的时候进行，比如饭后休息的时候，晚上和孩子出门散步的时候。

"我都是为你好"——对孩子来讲最没用

"我都是为你好"，这句话听起来是不是很耳熟？这几乎是每个家长的口头禅，也是家长左右孩子想法，强迫孩子服从自己的挡箭牌，让孩子无力反驳，无法反抗。这句话认为，只有成年人才有判断力，父母给孩子安排的、规划的都是最好的，如果孩子不听话，就不会有好结果。

不可否认，"我都是为你好"透露了父母对孩子无尽的爱，表达了对孩子的在乎。但问题是，父母对孩子说这句话的时候，只是站在自己的角度看问题，并没有考虑孩子的感受，很容易引发孩子的不满和逆反情绪。所以，这句话看似强而有力，但对青春期的孩子往往最没效果。

阿皓是一名高三学生，即将面临高考，爸爸妈妈比他还紧张，整天不是督促他抓紧时间学习，就是给他规划美好前程。这让阿皓感到很压抑。这天阿皓好不容易做完习题，想看一部期盼已久的电影放松一下，可爸爸妈妈却过来跟他谈话。一问才知道，原来是谈论将来选择什么专业的问题。

爸爸说："大学一定要学金融专业，这个行业赚钱快，将来生活有保障。"

妈妈说："还是学医比较好，医生救死扶伤，名声好，地位高，工作稳定，以后找对象也容易。"

阿皓不紧不慢地说："你们是在给我选专业，还是给自己选专业呢？是不是应该问一问我想学什么专业？"

"是啊，那你想学什么专业？"爸妈异口同声地问。

"我从小就有一个教师梦，想选择师范类院校……"

没等阿皓说完，爸爸就打断了他的话，对他的想法一顿批判。妈妈也在一旁附和。

阿皓很无奈地说："从小到大，我都听你们的，明明我喜欢打羽毛球，你们却让我学象棋，我忍了；明明我喜欢绘画，你们让我学书法，我也接受了。但这次选择专业我必须自己做主，做我自己喜欢的事我才有动力。"

"你还是孩子，懂什么啊？爸爸妈妈都是为你好……"

"'我都是为你好'，这句话我听够了，别用这句话给自己干涉我的人生找借口了。"

那天，阿皓和爸爸妈妈吵得不可开交……

一句"我都是为你好"看似满是爱意，实则是家长对孩子最大的控制，会让孩子整个成长的历程变得心情沉重、步履蹒跚。因为家长总是站在自己的角度规划孩子的人生，并未真正考虑孩子想要什么，这样只会扼杀孩子的人生意愿和成长动力。具体来说，这句话会给孩子带来以下危害：

首先，会让孩子失去对生活的兴趣。

选择自己喜欢的东西，做自己喜欢的事情，孩子才会充满动力。如果父母总是替孩子做主，让孩子过父母希望他过的生活，孩子就会觉得人生失去意义，生活失去乐趣。瑞士心理学家荣格说："当爱支配一切时，权力就不存在了；当权力主宰一切时，爱就消失了。"所以家长认为自己是为孩子好，实际上是在毁掉孩子的人生。

其次，导致孩子产生强烈的负罪感。

生活中不如意之事十有八九，当家长对孩子说"我们省吃俭用还不都是为了你，而你却不好好学习……""我和你爸要不是为你，早就离婚了，你还不努力学习……""我们都是为你好，难道我们会害你，你不听话将来会后悔的"等话时，孩子会感到内心焦虑，久而久之会产生强烈的负罪感。这不仅会给孩子造成一种无形的压力，还会影响孩子的身心健康。

孩子是独立的个体，进入青春期的他们十分渴望独立，想要为自己的人生做主，作为家长，不能总是替孩子规划人生，而要学会做孩子的引路人，在孩子迷茫时指引孩子找到正确的方向，在孩子伤心时给孩子安慰和鼓励，在孩子犯错时给孩子正确的引导。

1.做孩子的"粉丝"，欣赏并支持孩子的想法

每个人都有其想法和观点，所以人与人之间需要沟通，集思广益，做出最优选择。当和孩子在沟通时产生不同观点时，请了解并尝试理解孩子的想法，关心孩子真正想要什么。只要孩子的想法具有正向的意义，就应该予以支持。即便孩子最后会踩坑、碰壁、摔倒，那也是孩子成长过程中一段有价值的经历，是一笔宝贵的人生财富。试问，谁的人生不犯错，谁不是在犯错与改错中成长？

2.做孩子的参谋，帮孩子分析，让孩子选择

当孩子的想法不具有正向的意义，或孩子对自己的想法拿不定主意时，家长可以发挥好参谋作用，帮孩子分析问题，为孩子提供自己的建议和方案，并说明这样做的理由和好处，最后把选择权交给孩子。相信在这种情况下，即使孩子最后做了错误的选择，并为此摔得头破血流，他也不会记恨家长，而是由此懂得自己思维的局限性，认识到家长建议的价值，今后就不会那么抗拒父母的意见和建议了。

与青春期孩子沟通的秘诀：多关心、少唠叨

家长李女士的儿子上初一，每天放学回家就躲进房间，没人喊他，他是不会出门的。李女士跟他说话，他爱搭不理的，有时候还和大人顶嘴。可没等李女士说几句，孩子就嫌烦："知道了，知道了，我还要写作业呢，烦不烦啊……"李女士抱怨："孩子到底怎么了？以前可不是这样的，到底怎么跟他沟通呢？"

家长徐女士也有类似的困扰，她的女儿15岁，平时很少跟父母讲述在校的情况，她和丈夫非常担心女儿会受到一些不良影响，因此经常在耳边叮嘱"不要早恋""要把心思放在学习上""不懂的题目要问老师"……但每当说到这些时，女儿就嫌他们啰唆，露出不耐烦的表情，甚至直接黑着脸转身走人。徐女士很想知道，应该如何和女儿沟通？

家有青春期的孩子，家长担心孩子学习不努力、早恋、乱交朋友、惹是生非，很想清楚地了解孩子每天的在校情况，可是孩子好像不怎么愿意和家长沟通。为此，家长长叮咛、短嘱咐，一不小心，就会陷入唠叨的怪圈。原本这一时期孩子的叛逆心就强，在家长反复唠叨的刺激下，孩子变得更加逆反，更不愿意和家长沟通。孩子越不愿意和家长沟通，家长越担心孩子，越想了解孩子。这就进入了一个恶性循环，形成一种不良的亲子沟通状态。

大家都知道，家长的出发点是关心孩子，但是以唠叨的方式表达关心让孩子难以接受。成都一所中学曾针对"你的父母唠叨吗？"这个问题，做过一次问卷调查，在2000多份调查问卷中，仅有不到5%的学生认为父母不唠叨，超过95%的学生认为父母唠叨，有些学生甚至在问卷中补充道"超级唠叨"。可见，家长唠叨是多么普遍，又是多么让孩子头疼。

对此，很多家长觉得自己很无辜，认为自己是在关心孩子，怎么是唠叨呢？从心理学上来说，家长唠叨是出自一种紧张、不放心、不信任，才会不自觉地在孩子耳边表达自己的焦虑和担忧，好让自己安心。那么，家长到底怎样才能避免把关心变成唠叨？到底怎样才能和青春期的孩子顺畅地沟通呢？其实秘诀很简单，那就是多关心、少唠叨，而不是把唠叨与关心混为一谈。

1.要抓大放小，而非事无巨细

孩子已经进入青春期，已经进入初中，已经是大孩子了，他们有强烈的独立需求，渴望主导自己的生活，家长不需要再对孩子事无巨细地关心，只需把精力放在孩子重要的事情上，比如人生观、价值观、学习习惯、品德修养等。可说可不说的话题，那就选择不说；有多件事的时候，就挑重要的一两件说；复杂的事情要通俗易懂地说，要学会打比方，增加表达的趣味性。

2.劝不了的事，可巧妙处理

不少家长发现，青春期孩子存在一些偏激的思想，对于他人的批评无法接受，遇事只怪对方，却不从自身找原因。作为家长，如果直接指出孩子的问题，批评孩子不对，很容易激化矛盾，明智的做法是巧妙处理。

有位家长说，前段时间孩子每天回家就说数学老师这不好那不好，看得出来他对数学老师偏见很深。他了解儿子的脾气，有些执拗，如果说他不对，他会立马"爆炸"，所以他没有当面反驳孩子，而是私下与孩子的数学老师沟通，了解事情的真相。

后来，这位家长跟孩子说："儿子，我和你们数学老师谈了，他说自己确实有不对的地方，但他毕竟是老师，拉不下面子向你道歉，希望你能原谅他、理解他。"孩子听了这话，嘴角露出了得意的笑容，仿佛在说："看吧，我说数学老师不对吧，连他自己都承认了。"

接着，这位家长对儿子说："老师都承认自己的不足了，希望你也能想一想你是否也有不妥当的地方。"孩子一言不发，但后来孩子再也没有说过数学老师不好。

与青春期孩子沟通时，最忌讳的是动辄对孩子说"你是不对的"，正确的做法是，哪怕孩子错得很明显，也要照顾其面子。特别是无法劝说的事情，更应该巧妙处理，甚至可以用善意的谎言来满足孩子小小的虚荣心。比如上面的案例，老师是否真的承认自己的不当之处呢？可能只是家长善意的谎言，但孩子却信以为真，并改变了对老师的看法。

另外，青春期孩子觉得同伴更理解自己，比较听得进同伴的话。因此，如果你劝说孩子无效，不妨迂回到孩子同伴面前，请求孩子的同伴帮忙劝说。这样往往能取得更好的效果。

3.不好说的话，采取书面沟通

对于青春期孩子来说，有些话题比较敏感，稍不注意就会引发亲子冲突。比如，早恋问题，假如你发现孩子和某个异性交往甚密，你该怎么办呢？说吧，怕孩子面子上接受不了；不说吧，又担心孩子真的早恋，越陷越深。对于这种情况，建议家长用书面方式和孩子沟通，采取"关心+提醒"的方式来组织语言，比如："最近发现你和一位漂亮的女孩交往密切，这是你个人魅力的体现，爸爸（妈妈）为你感到高兴，希望你们把握好交往的尺度，互相学习，共同进步。"当然，要特别注意：字不宜多，点到为止。

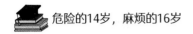

青春期孩子沉迷于玩手机怎么办

在今天这个科技高度发达的互联网时代，手机几乎成了生活的必需品，无论是沟通、娱乐还是导航、购物，都离不开手机，可谓"手机在手，天下无忧"。但手机也是把双刃剑，用好了是好帮手，用不好却可以毁掉一个人。特别是青春期的孩子，正处于求学的重要阶段，一旦沉迷手机，不但会荒废学业，还会伤害身体，甚至会因手机问题而酿出悲剧。

2016年，广州某小区一名13岁少年，因家长制止他玩手机，从11楼家中跳下坠亡。

2019年，杭州滨江一名15岁的初三女孩，因爸妈不让她玩手机，从19楼跳下，当场死亡。

2020年，保定市莲池区一名16岁少年，因假期沉迷玩手机与父亲发生口角，一气之下从30楼的家中一跃而下，当场殒命。

……

在网络上搜索"玩手机自杀"这样的关键词，我们会看到很多由于孩子玩手机而引发的悲剧。一个个花一样的青春少年，还没来得及绽放光彩，就在人间消失，实在令人痛心。

手机究竟有多大的魔力，竟然让孩子像吸食毒品一样上瘾呢？对于这个问题，很多家长想必非常清楚，手机里有无穷无尽的有趣信息，有紧张刺激的游戏，有令人捧腹大笑的段子，还有题材丰富的影视剧，就连很多成年人都为之着迷，更何况自控力不足的孩子呢？

我们再回到因孩子玩手机而引发的家庭悲剧问题上，细心的家长也许会发现，引发这一问题有两个关键因素：一是"手机"，二是"亲子沟通"。手机是客观存在的物品，没有对错之分，但亲子沟通是受主观意识支配的，沟通的效果如何，家长起着决定性的作用。因此，这提醒家长们要重视孩子沉迷手机后的亲子沟通。

那么，面对沉迷于玩手机的孩子，家长到底应该怎样沟通呢？

1.提前预警，给孩子一条"心理缓冲带"

当孩子玩手机时，家长一开始往往是提醒，但孩子可能充耳不闻。有些家长见状忍不住生气，语气和态度会变得很糟糕，要么斥责孩子"整天只知道玩手机"，要么直接上来抢夺孩子的手机。殊不知，孩子玩得正尽兴，面对父母的唠叨和抢夺容易着急上火、奋力反抗，这样很容易激发矛盾。而青春期的孩子又容易冲动，做事不过脑子，一旦产生轻生念头，后果将不堪设想。

所以，面对沉迷于玩手机的孩子，父母要正确地提醒孩子："再玩10分钟就休息一下好吗？妈妈有事需要你帮忙！""玩到9点停下来可以吗？爸爸有话和你说。"这种方式的提醒带着协商的预期，可以给孩子较好的心理缓冲，孩子更容易接受。

2.控制情绪，在双方冷静时沟通

如果好意的提醒没有收到效果，家长也不必着急上火，打骂孩子、抢夺手机肯定是不行的，不妨等到孩子玩累了放下手机时，再和孩子坐下来心平气和地沟通。当然，沟通之前需要观察孩子的情绪，看他是否处于冷静状态，因为只有当双方都处于冷静状态时，才可能不失控，沟通才可能理智进行。

那么，和孩子沟通什么呢？建议家长围绕两个问题进行：

（1）告诉孩子沉迷玩手机的危害

作为家长，想必都清楚沉迷玩手机的危害——不仅会损伤视力，还会导致肩颈酸疼乃至出现病变，更严重的话还可能导致猝死。新闻中就曾报道过，印度一名16岁男孩连续玩手机游戏6小时后猝死。如果有必要，还可以给孩子讲述类似的案例：

2020年暑假，一名14岁男孩被爸爸送往医院，医生发现男孩左手腕被砍6刀，刀刀见骨，血流不止。医生以为孩子遭遇了歹徒袭击，但孩子的爸爸却说，是孩子自己砍的。原因是孩子沉迷于玩手机，爸爸劝说几句，孩子恼羞成怒，从厨房拿刀自残。

（2）和孩子制定玩手机的时间

家长可以告诉孩子："手机确实很有趣，有时候我也控制不住想多玩几分钟，但玩手机不能过度，所以我们一起来制定玩手机的时间好吗？"这充分表达了对孩子的尊重，可以有效避免孩子的反感。

家长可以跟孩子商量："每天放学回家，可以先玩30分钟手机，然后完成作业。10点前上床睡觉，如果你9点半前洗漱完毕，也可以再玩30分钟。"具体怎么规定玩手机的时间，和孩子好好商量吧。如果觉得这样规定玩手机的时间没有新意，你可以加入激励措施，比如，"如果提前5分钟完成作业，可以玩10分钟手机；如果提前10分钟完成，可以玩20分钟游戏。"当然，作业完成质量必须有保证，如果敷衍了事，则要减少玩手机的时间。

除了以上两点沟通策略，家长还应从孩子沉迷于玩手机的源头入手，设法减轻孩子对手机的依赖和着迷程度。

1.平时要多陪孩子玩，多带孩子出门走走

也许有些家长觉得，青春期孩子长大了，不需要陪伴了，再说了孩子也不愿意父母跟在身边。如果你也这么想，那就错了。青春期孩子也需要关心和陪伴，只是很多家长没有找到陪伴孩子的正确方式，假如孩子喜欢某项运动，家长陪着一起玩，孩子会拒绝吗？假如孩子想周末旅游或露营，家长抽出时间去陪伴，孩子会拒绝吗？答案显而易见。所以家长要了解孩子的兴趣爱好，想办法和孩子一起玩。

2.让孩子监督自己，不做沉迷于手机的反面教材

为什么很多孩子爱玩手机，其实与家长有很大的关系，想象一下，最初家长是不是为了避免孩子吵闹，主动把手机给了孩子？平时下班回家，家长是不是也爱抱着手机玩？不知不觉中，家长成了孩子的反面教材。所以，家长不妨主动放下手机，有节制地玩手机，让孩子监督自己或相互监督，谁在规定之外的时间玩手机就惩罚谁，惩罚办法可以一起商量。这样孩子心理上会平衡很多，自然也乐意接受。

以朋友的姿态和孩子聊聊感兴趣的事

很多家长都想和青春期的孩子做朋友，这个愿望很美好，但现实却很残酷，别说和孩子做朋友，很多家长就连和孩子愉快地聊天都做不到。他们和孩子的对话基本是这样：

"今天上学都干啥了？"

"上课。"

"有什么好玩的事吗？"

"没有！"

一问一答，再无下文。家长们很困扰："为啥别人家孩子和大人那么聊得来，我家孩子却不跟我说话？"

小韩和佳佳同住一个小区，同上初二，还是同班同学，他们父母在接送孩子上下学时，经常在校门口相遇。

佳佳一见到父母，大老远就兴奋地跑过来，不停地跟父母说这说那，一刻也不闲着。佳佳父母只是不时地接话茬："是吗？太意外了！""太棒啦，怎么会这么厉害！""真好玩，我都想玩了！"……

仔细听一听，佳佳和父母聊的多半是学校里五花八门的事情，不是谁被老师表扬了，就是谁被老师批评了，或哪个同学做了一件很可笑的事情，或哪个同学捣乱了。佳佳讲得眉飞色舞，父母听得津津有味，有时还忍不住评论几句。

再看小韩，每次见到父母总是一脸淡定，父母问一句她就答一句，父母不问她就不说。小韩父母很羡慕佳佳和父母其乐融融的样子。

这天小韩妈妈接孩子时遇到佳佳妈妈，忍不住在佳佳妈妈面前感慨："看你家佳佳多好啊，啥都爱跟你们说，我家小韩是个闷葫芦，啥也不愿意和我们说，问他学校里的事儿，她总是爱答不理的，哎……"

家长们往往有这样的困惑：想要和孩子聊聊学校的事，却敲不开孩子的心门，打不开孩子的话匣子，越追问孩子，孩子反而越反感，越沉默不语。

其实，想让孩子愿意和你聊天，关键是找到孩子感兴趣的话题，激发孩子表达和分享的意愿，如此便可以轻松营造出平和的、双向的沟通氛围，再加上一些小小的倾听和提问技巧，孩子就会对你产生信赖和尊重，亲子沟通就会变得顺畅起来。具体来说，可以参考以下几点：

1.由孩子主导话题，你只需跟着孩子的兴趣走

想和孩子聊得来，首先得有共同话题，你说的恰好是孩子感兴趣的，孩子也有观点，能贡献谈话内容，那么聊天就顺利很多。反之，如果你跟孩子聊学习、聊考试，聊的都是孩子不感兴趣的话题，孩子就会想"反正和你聊不到一块，我还是别说了吧"。因此，想要调动孩子的聊天积极性，你得主动迎合孩子的兴趣点，由孩子主导话题。

那么，怎么迎合孩子感兴趣的话题呢？

当孩子跟你说"今天我同学某某……""我们今天体育课学了标枪……"

"老师让我们观看某某名人演讲视频……"等话题时，无论你是否了解，无论你是否感兴趣，你最好马上表现出兴趣："你们学校发生了啥好玩的事？快说来听听！""体育课上学了啥样的投篮技巧？我也想学学。"

也许孩子的话题五花八门，天马行空，但没关系，你只需跟随孩子的兴趣往下聊。聊什么话题都可以，最重要的是聊天过程中孩子很开心，愿意讲。在这里，要特别提醒一些家长，千万别对孩子抛出的话题泼冷水。比如，有些家长对孩子聊的话题不感兴趣，就泼冷水："这有什么好说的？""又说打游戏，能不能把心思放在学习上？"如果你是这样回应孩子的，那孩子不愿意跟你聊天也就在情理之中了。

2.如果你对孩子感兴趣的话题不了解，赶快去"恶补"

孩子感兴趣的话题也许恰好是你不了解的方面，甚至你都没听说过，如果遇到这种情况，那你一定要去"恶补"。现在网络这么发达，不懂的话题去网上搜索一下就明白了，这样你才能在亲子聊天中有谈资。否则，孩子跟一个"小白"聊天，兴致也不会持续太久。

有一阵子孩子跟爸爸妈妈聊《三国》这部电视剧，茶余饭后聊的都是三国故事和三国人物。无奈爸爸妈妈都是理科生，对历史知识了解较少，于是他们赶紧上网"恶补"。"恶补"之后，他们和孩子就"三国武将战力排行"这个话题，持续聊了一周。

"恶补"是为了更好地与孩子互动，因为聊天本来就是一种互动方式。当你在聊天中对话题内容有所贡献时，既能鼓励孩子继续聊下去，也可以帮孩子获取更多不了解的信息、知识和观点，进一步延伸话题，增强话题的可聊性。

3.不懂不要紧，向孩子请教不丢脸

有些话题不了解，你可以去"恶补"，但有些话题专属于孩子的，或者特别冷门，或学校近期才出现的事件，你想"恶补"都来不及，那就需要向孩子请教，"这事儿妈妈真搞不明白，你给我说说吧？"青春期孩子虚荣心强，见父母都向自己求教，内心的自豪感、荣耀感和成就感肯定会激增，会滔滔不绝地给你讲上半天。

当然，除了真不知道何时要向孩子求教，为了激发孩子的谈话欲望，你还可以"假装不知道"。试想一下，孩子和你聊到某个话题，你马上来一句："哦，那个啊，我早知道了！"孩子可能马上沉默了，聊天到此为止。反之，你如果这样回答："什么啊？没听说过啊？""是真的吗？然后呢？""还有这回事？真有意思！"孩子肯定会兴高采烈地聊下去。

4.偶尔引导话题，但要避免对孩子说教

与孩子聊天时，如果孩子观点偏激、言论不正，家长有必要引导孩子，给孩子正确的教育。或孩子的观点比较狭隘，家长希望孩子从不同的角度去看问题，这时候就需要引导话题。但要注意的是，切忌把聊天变成一种说教或批评。

孩子讲到班里某个同学总是被同桌开玩笑时，很气愤地说："他同桌真坏，如果我同桌这样对我，我绝对受不了。"通过了解，那个同桌开的玩笑并无恶意，只是纯粹逗乐，因此他想告诉孩子"善意的玩笑是友谊的体现"，于是他跟孩子说：

"爸爸小时候也有类似的遭遇，那时候爸爸的同桌也经常取笑我、逗我……有段时间我也讨厌他，但多年以后，有一次他患了重病，我去看望他，他跟我聊起上学时经常逗我玩，说了一句让我一辈子都忘不了的话。"

孩子很好奇："他跟你说了什么话？"

"他跟我说：当年我经常逗你，是因为我知道你性格温和、心胸宽广，是因为我愿意和你玩儿，真心把你当朋友，否则，我没必要去惹怒你。"

孩子听完爸爸讲的故事，瞬间就明白了，同学之间的善意玩笑其实是珍贵的友情。

这个案例很好地体现了家长在亲子聊天中对话题的引导，通过讲故事的方式，间接地引导孩子的思想认知，让孩子学会从不同的角度看问题。

第 7 章

保护孩子，绕不开性教育

孩子进入青春期后，伴随着生理快速发育，他们的性意识也逐渐觉醒，性教育就成了家庭教育中绕不开的话题。科学的性教育不仅有助于孩子掌握性知识，更好地了解自己的身体，还有助于孩子正确对待异性，在性方面做好自我保护。因此，家长不妨大大方方地和孩子谈谈性。

青春期性教育要跟孩子讲什么？怎么讲？

青春期是儿童迈向成年的关键期。这一时期，面对第二性征的出现，孩子既没有思想准备，又缺乏必要的生理卫生知识，往往会产生羞涩、恐惧的心理反应。有些女生月经来潮却不好意思请假，勉强上体育课进行剧烈运动，这容易增加月经失调、痛经等不良状况的发生率，不仅影响身体健康和正常学习，还可能造成自卑等心理障碍。

其实，孩子面对自己身体的变化，会本能地对性产生好奇，这种探求欲望是完全可以理解的。作为家长，应该用自然大方的态度对孩子进行性教育，与孩子谈论生理知识、性知识，包括月经来潮、遗精等敏感话题。同时，还要关注孩子的内心世界，引导孩子接纳身体变化，并树立健康的性观念。

然而，受传统思想的影响，很多家长对性教育这个话题避而不谈，甚至连基本的生理知识都不教孩子。有些家长认为没必要让孩子知道，知道太多反而不好；有些家长认为性教育要顺其自然，没必要专门进行，孩子长大了自然就懂。当然也有开明的家长，认为应该对孩子进行性教育，但苦于性知识不足或表达能力欠缺，或心态上有些不好意思，不知该如何开口，不知该讲哪些内容，讲多深才算有教育意义。因此，他们迟迟没有对孩子落实性教育。

那么，青春期性教育到底要跟孩子讲什么呢？其实无外乎跟孩子讲生理知识和性知识。

1.生理知识

家长要教孩子认识男女生殖器官的不同，认识男女性发育表现的不同。比如，男性以遗精为生理发育的标志，女性以月经来潮为生理发育的标志。此外，男孩发育后声音会变得低沉，身上的毛发会越来越多；女孩发育后，乳房会逐渐隆起，臀部也会更圆润。

除了教孩子生理知识，还要教孩子青春期的卫生保健知识。比如，要穿棉质透气的内裤，内衣要勤更换，保持性器官的清洁卫生。特别是女生，月经来临期间应注意保暖，不宜喝冷饮，不可吃寒凉、辛辣、刺激的食物，以免诱发或加重痛经，更不可以做剧烈运动。还应保证充足的睡眠，不要熬夜。

2.性知识

性知识是一个内容丰富的课题，包含性生理、性心理、性健康、性道德等多方面，概括来说，只要与性、性器官等方面有关的知识，都属于性知识的范畴。对男孩，家长可以告诉他什么是勃起，什么是射精，什么是遗精；对女孩，家长可以告诉她什么是怀孕，什么是流产，怎样避孕，怎样预防性骚扰和性伤害。当然，无论是男孩还是女孩，家长都可以告诉他什么是性爱以及健康的性爱是怎样的状态——两情相悦，相互尊重，彼此负责。

如果家长不了解这类知识，不妨购买相关书籍加以学习。当你对性知识了解越多时，你就会越相信自己能够谈论这个话题。

明确了青春期性教育应该跟孩子讲什么内容后，我们又该怎么跟孩子讲呢？

1.坦诚自然地讲

孩子进入青春期后，人生观和世界观尚未完全形成，分辨事物的能力有限，这时需要家长通过正常渠道教孩子性知识，以提高孩子的自身防范意识，避免受到性伤害。如果家长含糊其词、言辞闪烁，反而更容易激发孩子的好奇心，甚至可能误导孩子，让孩子误以为性是不好的东西。所以，既然打算跟孩子开展性教育，那就不妨坦诚、自然地讲，这样孩子更容易以平常心面对性，在性心理发育的过程中少走弯路。

2.有的放矢地讲

性不是高深莫测的东西，而是蕴藏在生活中。当你看到楼下的孩子身体发育了，说话嗓音低沉时；当你看到隔壁邻居怀孕了，挺着大肚子时；都可以借此机会引出话题，跟孩子聊聊相关的性知识。

比如，你可以对孩子说："儿子，你有没有注意到楼下那位结婚不久的年轻阿姨，她的肚子越来越大了？她快要生宝宝了，你知道宝宝是怎么到她肚子里并慢慢长大的吗？"这个问题一抛出，你们之间的对话就可以自然展开。通过这样现实的例子向孩子传授相关性知识，相信孩子再也不会觉得性是难以启齿而神秘莫测的东西。

再比如，如果看到某个性骚扰的新闻，你可以对孩子说："女儿，最近有个性骚扰的案件你听说了吗？"通过这个案件提醒孩子注意保护自己，同时教孩子一些避免性骚扰的技巧，比如穿衣不要太暴露，不要晚上单独赴约，特别是陌生人的邀约，晚上要结伴而行，不要上陌生人的车，不要食用陌生人的食品。当被人触摸身体特别是私密部位时，要勇敢地提醒对方"把你的手拿开"。

总之，性教育并不只是性知识的传授，更不能等同于性行为的讲解，家长务必更新观念，以科学的态度去看待性教育。

孩子早恋的6个信号

小莉是一名刚升入高一的女生，因学校离家较远，父母让她寄宿，每周回家一次。开学后，小莉的新同桌是一名男同学，刚开始两人都有些拘谨和羞涩，沟通交往比较少。但随着时间推移，彼此了解增多，且兴趣爱好相近，因此越来越聊得来。不知不觉间，小莉与同桌互相暗生情愫。为吸引同桌注意，小莉开始注重着装打扮，周末回家总是抱着手机跟他聊天，有时候还会鬼鬼祟祟地语音通话。

没过多久，妈妈察觉到女儿的反常行为，这天她趁女儿去卫生间，偷偷地看了女儿的手机，但发现锁屏密码已更换，就在这时女儿的手机锁屏通知接收到一条信息，内容大概是"我很想你，你在干什么呢？"，这让妈妈怀疑女儿早恋了。

妈妈非常生气，对走出卫生间的小莉质问道："你早恋了是吗？"见小莉不说话，她又大声说："说话呀？快给我老实交代。"小莉愤怒不已，大声吼道："你凭什么看我手机，这是我的隐私！"随后母女两人越吵越凶，一气之下小莉甩门而去……

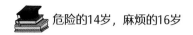

早恋是青春期少男少女常见的一种交往模式，是青春期孩子把对异性产生懵懂情愫这一心理活动转化成实践的一种探索。作为家长，要学会察觉孩子早恋的信号，在孩子尚未深陷早恋泥沼的时候及时地引导孩子，帮孩子从早恋"一对一"的人际交往模式回归到正常的"一对多"的人际交往模式中。

那么，孩子早恋有哪些信号呢？以下6点值得大家注意：

信号1：特别重视打扮自己

有句话叫："人为悦己者容。"不管男孩还是女孩，只要早恋或有暗恋对象，都想在对方面前展现自己的美，因此会变得特别爱美。比如，有空会偷偷在房间试衣服，出门前喜欢照镜子。有些女孩可能还会偷偷用妈妈的化妆品，化淡妆、描眉、涂口红等。男孩则比较注重自己的发型，注重衣服、裤子和鞋子的整体搭配。

信号2：经常很晚才回家

早恋的孩子在家是待不住的，会找各种理由外出，为的是和爱恋的人在一起，比如去公园、书店、路边摊、小河边、小树林等比较僻静的地方。为了避免回家了，再从家里出来时向父母撒谎，孩子更愿意晚点儿回家。因此，如果你家孩子经常很晚才回家，并且理由总是在校学习或和几个同学玩，那你就要注意了，不论孩子是否真的在校学习或和同学在外面玩，太晚回家都是不安全的。

信号3：鬼鬼祟祟玩手机

当今时代，玩手机已成为青春期孩子的一种常态。如果孩子早恋了，那必然会和爱恋对象通过手机互动聊天。因此，家长不妨注意孩子玩手机时的状态，看孩子玩手机时是否鬼鬼祟祟，刻意回避家长，甚至不允许家长进入他的房间。如果孩子在家总是抱着手机不断地聊天，而且不时傻笑，这种情况家长就要考虑孩子是否早恋了。

信号4：发布奇怪的心情

青春期孩子本来就情绪波动大，加上恋爱的影响，心情更是变化莫测。家长不妨关注孩子常用的聊天软件账号，看孩子是否经常发布莫名其妙的动态，或描写心情，或表达感想，还要看动态下面是否有暧昧留言。如果有这些信息，那你就要考虑孩子是否早恋了。但要注意的是，关注孩子动态的时候要注意，别留下访问痕迹，不然孩子可能把你屏蔽掉，以后就看不到孩子任何动态了。

信号5：学习成绩持续下降

对于绝大多数早恋的孩子来说，无论他怎么控制自己的情感，无论怎样分配学习时间和恋爱时间，他都很难保证学习不受恋爱影响。因为一个人每天只有24小时，抛开吃饭睡觉时间，留给学习的时间往往比较固定，恋爱必然要占用这部分时间，因为学习很容易受到影响。因此，如果孩子的学习成绩突然下降，有可能只是其他原因，但如果孩子的学习成绩持续下降，家长就要考虑孩子是否早恋了。

信号6：无缘无故要零花钱

几乎每个家庭都会给孩子零花钱，但如果平时孩子每周的零花钱比较固定，近几周孩子却找这样那样的理由要求增加零花钱，那可能是孩子近期有了新的财务支出。到底有哪些新的支出呢？如果孩子不肯如实相告，家长要考虑孩子是否把零花钱用于给爱恋对象买小礼物、零食了？

以上就是孩子常见的早恋信号，仅作为家长关于孩子是否早恋的一种猜测依据，并不能作为孩子早恋的凭证。若想确定孩子早恋，还需综合各个信号来判断，或亲眼看见孩子和异性有暧昧的肢体接触，或发现孩子收到异性的暧昧书信等。当然，无论是否确定孩子早恋，只要孩子出现以上信号，家长都要朝早恋方面考虑，并尽早引导孩子，让孩子适可而止。

那么，当孩子出现以上信号或确定孩子早恋时，家长应该怎么做呢？

1.摆正对早恋的看法

作为家长，首先要明确一点，孩子进入青春期后，对异性产生好感或被异性喜欢、追求，这是再正常不过的事情，也是一件值得高兴的事，这说明孩子有魅力。如果孩子对异性没感觉或没有赢得任何异性喜欢，那才有问题，才是最应该担心的事情。

因此，当孩子有早恋嫌疑，哪怕真的早恋了，家长务必摆正对早恋的看法，用平常心去对待。其实，青春期的早恋大多是一些朦胧的好感，大都会以失败告终，家长不必过于担心，不必着急上火，忙着批评教育孩子。理智的做法是，和孩子敞开心扉聊一聊，甚至可以跟孩子分享自己青春期的相似经历，比如暗恋谁，被谁暗恋、追求，打破孩子对恋爱的神秘感。

2.委婉表达你的期望

当得知孩子早恋了或正要早恋时，相信家长们都很担心，一方面是担心早恋影响孩子学习，另一方面是担心孩子抵挡不住诱惑、把持不住自己，过早地偷吃禁果。于是，很多家长忍不住批评孩子，阻止孩子与爱恋对象交往，甚至闹到学校，搞得尽人皆知，让孩子感到没脸见人。殊不知，孩子早恋这件事"宜疏不宜堵"，家长越阻止，孩子恋得越紧密，越容易做傻事。

正确的做法是，先向孩子表达对早恋这件事的接纳，告诉孩子："早恋挺正常，我没觉得有什么见不得人的。"然后对孩子表达积极的期望，"你还在求学阶段，学习是主要的，爸爸妈妈希望你以学习为重，争取成绩更进一步。爸爸妈妈相信你能处理好学习和早恋的关系，如果处理不好随时跟爸爸妈妈说，爸爸妈妈给你支招。"当然，家长如果对孩子不放心，可以和孩子约定："给你两个月时间，如果你做到了不让早恋影响学习，那爸爸妈妈不干涉你继续早恋。"最后，对孩子进行必不可少的性教育，让孩子做好必要的性防范和自我保护。

如果家长能做到这三点，相信孩子对你会充满感激，而不会有丝毫怨恨，因为这种教育策略给了孩子充分的尊重、信任和自由，赋予了孩子自我责任感，会促使孩子像大人一样思考，促使孩子对自己的行为负责。

怎样避免孩子过早发生性行为

为人父母者，都担心孩子早恋，更担心孩子发生性行为。尤其是女孩的家长，如果发现女儿早恋了，可能担心得睡不着觉。然而，有时家长的担心往往会成为现实，因为青春期孩子懵懂无知，对性又充满好奇，在外界的刺激或异性的引诱下，可能稀里糊涂就与对方发生了性行为。

一天，余女士在儿子房间的垃圾桶里发现一个用过的避孕套，顿时感到事情不妙。她找到儿子谈话，儿子坦言自己谈了女朋友，并有了"第一次"。通过了解，余女士得知儿子的女友是同班同学，两人恋爱不到一个月。

当问起两人为什么会发生性关系时，儿子说："前天晚上你不在家，正好女友也一个人在家，我叫她来家里陪我……"他表示并不后悔，反而觉得自己更有责任照顾女友。

说起自己的女朋友，儿子十分骄傲："她很文静、很可爱，我会一辈子喜欢她。"他还质问余女士："我脸上有痘子，她会给我买药擦，你会吗？"

余女士给儿子讲道理："你们年纪还小，谈恋爱不合适，更不能发生性关系，万一女孩怀孕怎么办？你知道后果有多严重吗？"然而，她苦口婆心地劝说非但没效果，还引起了儿子强烈的反感，导致儿子跟她的关系僵硬起来。只要她想跟儿子说点儿什么，儿子总是扭头就走。

后来余女士把这件事告诉自己的前夫即孩子的爸爸胡先生，对方表示自己也有责任，此前失败的婚姻对儿子产生了不好的影响，言语间流露出许多自责。

青春期孩子发生性行为，会对双方尤其是女孩产生诸多不良影响。对女孩来说，由于青春期少女生殖器官发育尚不成熟，因此过早进行性行为可能会造成损伤。另外，这一阶段女孩的自身防御机能也不成熟，因此难以抵抗外界病菌和有害物质的侵袭。很容易引起妇科炎症，甚至增加HPV的感染风险。

由于青春期孩子缺乏性安全知识，可能忽视避孕措施，很容易增加性传播疾病的发生率。此外，青春期孩子的性意识、性生理和性道德均不成熟，过早发生性行为还可能对当事双方的心理造成不良影响。特别是有些女孩，受封建贞操观的影响较大，可能从此背上沉重的心理包袱，一直活在深深的悔恨中，或破罐子破摔，陷入混乱的性生活中。

所以，为了孩子的身心健康着想，家长一定要告诫孩子：不能过早发生性行为。

那么，家长应该怎样跟孩子谈论这个话题呢？

1.以真实案例为切入点，大大方方地引出青春期性话题

受传统观念影响，很多家长觉得，贸然跟孩子谈论青春期性行为这个话题，是特别唐突、难以启齿的事情。于是，他们不好意思跟孩子深聊性话题，只是单纯地提醒孩子不要发生性行为，却不跟孩子讲原因和后果，这样反而更容易激起孩子对性行为的好奇心。

那么，怎样才能顺其自然地引出这个话题呢？建议家长结合生活中的真实案例，通过先与孩子分享案例、分享"八卦新闻"，然后自然地引出话题。比如，从同事、邻居那里听说青少年发生性行为，或从报刊、网络上看到关于青少年发生性行为的报道，都可以在茶余饭后和孩子聊一聊，并告诉孩子青少年过早发生性行为的危害及不良影响。

2.以身作则树立良好家风，避免不良环境对孩子的性刺激

要想避免孩子过早发生性行为，家长有必要从自身做起，树立良好的家风。夫妻要恩爱，切勿生活放荡，性生活不节制，甚至发生婚外情。父母在家里不宜观看色情影片，以免被孩子发现，引诱孩子去观看。

父母的着装要把握分寸，父亲不要当着女儿的面光膀子，母亲不要穿得过于暴露，进入洗手间要关好门。夫妻之间不能当着孩子的面做出轻浮、暧昧的举动，如搂搂抱抱、卿卿我我，特别是夫妻过性生活时要注意控制动静，以免给孩子造成不良的性刺激。

父母和子女之间也要注意肢体接触的分寸，父亲不宜再像女儿小时候那样跟女儿搂抱、亲吻，母亲与儿子亦是如此。但这并不是说父母不需要再关爱孩子，只是在方式上要有所变化，要多和孩子聊天谈心，交流思想，努力保持无所不谈的亲子关系。

3.立好家规，给孩子合理的约束很有必要

好家风离不开好家规，好家规可以给孩子必要的约束，有利于孩子养成良好的行为习惯。关于这一点，有些家庭就做得很好，他们会明确告诉孩子：每天8点前必须回家，不能单独与异性约会，不能单独去异性的家里，不能去KTV、酒吧等娱乐场所。同时鼓励孩子多参加集体活动，多进行体育活动。这种做法比起对孩子放任不管的家教策略，对孩子有益得多。因为这些合理的家规能在很大程度上避免孩子发生性行为。

　　值得注意的是，家长在给孩子立下家规的时候，要跟孩子解释清楚原因，同时自己也应该做好表率，尽量不要无缘由地晚归、酗酒。若不能在规定时间回家，要向家人告知情况，甚至要向孩子"请假"，这样更容易得到孩子的尊重和信服。

发现孩子怀孕了怎么办？

如果有一天，你发现孩子怀孕了，会有怎样的反应？震惊？愤怒？失望？痛苦？还是……可以想象，任何家长得知这一消息，心情都是极其复杂的，任何一个词都不足以描述其心情。

雷女士的女儿才16岁，却怀孕了，这使他们一家人陷入痛苦之中。

"前些天女儿不好好吃饭，我以为她胃口不好，可是那天她多次出现反胃、呕吐现象，引起了我的注意，我坚持要带她去医院，她说什么也不答应，最后哭着告诉我，说她已经两个月没有来例假了……"

女儿这番话让雷女士感觉就像晴天霹雳，她怎么也想不明白：女儿一直是个乖乖女，怎么会做出这种事情？一向视女儿如珍宝的丈夫，那天破天荒地情绪失控，冲女儿大吼："你怎么这么不争气，我的脸都被你丢光了！"。

好在雷女士有位好友是当地人民医院妇产科的主治医生，在她的专业指导和安排下，雷女士女儿顺利完成了流产，之后她给女儿请了一星期的病假，让她在家好好休息。

这是一个既让家长痛心，又让家长感到后怕的案例，因为如果家长粗心大意未曾发现孩子怀孕，而孩子又隐瞒不报，那么孩子的怀孕周期可能拉长，导致错过最佳的流产时间。孩子还可能在无知和恐惧下，选择不正规的医院做流产手术，而不规范的流产手术对孩子稚嫩的子宫伤害巨大，可能会发生大出血、子宫穿孔、宫颈损伤等并发症，甚至导致终生不孕乃至危及生命。

所以，家长发现女儿怀孕后，一定要做好以下几件事：

1.告诉女儿早孕的危害及一系列的后果

当发现女儿怀孕后，家长首先应该冷静地告诉女儿早孕的危害："宝贝，你的身体还未完全发育成熟，子宫内壁还很脆弱，难以孕育健康的生命。而且你是一名学生，无论是从心理、身体还是从精力、经济等方面来说，都不能留下这个小生命。如果不及时终止受孕，你的肚子会越来越大，到时候大家都知道你怀孕了，对你的形象和名誉也会造成严重的损害。因此，现在唯一的处理方案就是及时流产。"

2.带女儿到正规医院接受专业医生指导

作为家长，在发现女儿怀孕后，要及时带女儿去正规医院检查，明确怀孕几周，接受专业医生的指导。因为流产的方式有多种，要根据怀孕时间的长短来选择最合适的流产方式，家长切勿凭个人经验胡乱决策。

3.术后注意休息，精心调养女儿的身体

流产后要谨记医生的忠告，比如，卧床休息2~3天，三天后可适当下床活动，逐渐增加活动时间。如果在此期间出现阴道出血量多、腹痛、呕吐或发高烧等情况，应立即找专业医生诊治。流产后半个月内不要碰冷水，避免受寒。同时注意加强营养，让女儿多吃鱼类、肉类、蛋类、豆制品等食物，因为这类食物蛋白质和维生素丰富，可以促进子宫内膜的修复。术后的休息至关重要，家长务必放下焦虑，精心照料女儿，等她身体恢复后再去面对学习。

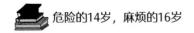 危险的14岁，麻烦的16岁

4.学会放下，帮孩子从痛苦中走出来

偷尝禁果导致意外怀孕后，其实孩子比家长更痛苦。对于疼爱女孩的男孩来说，他们会无比的自责，会深深地悔恨，会觉得对不起心爱的女孩，对不起父母；对于怀孕的女孩来说，除了内心充满自责和悔恨之外，不仅要承受流产手术带来的生理之痛外，还要承受对于未来婚恋和生育的担忧。在接下来的几个月里，孩子可能性情大变，脸上不再有灿烂的笑容，不知道如何面对接下来的学习和生活。因此，家长一定要帮孩子渡过难关。

家长要告诉孩子："爸爸妈妈理解你对性的渴望，它并不是罪恶的事情。只不过由于在不恰当的年龄发生，才让它变得不那么美好愉悦。所以，爸爸妈妈希望你等到真正长大成人再去享受它。"

家长要告诉孩子："过去的事情就让它过去吧，爸爸妈妈不会因为你犯了错而改变对你的爱，爸爸妈妈依然深爱着你，愿意陪你一起去面对未来的生活。爸爸妈妈希望你以此为戒，远离早恋，远离性诱惑。在接下来的日子里，你要卸下心理包袱，保持轻松和微笑，好好面对学习和正常的人际交往。"

让孩子远离性病、性犯罪

某医院皮肤科曾接待过这样一位患者。

这天，一名16岁的男孩被父母带来就诊，男孩身材高大、浓眉大眼、英俊帅气，据说是一名高职学生。男孩的父亲一脸怒色，男孩的母亲唠叨不停："赶紧脱下裤子让医生看看，真丢脸，老实交代是不是交了女朋友啊……她多大……你们怎么认识的……这种病肯定是她传染给你的……"

原来，这对夫妻每天早出晚归忙着做生意，对情窦初开的16岁儿子并未太在意，结果儿子早恋，还和女友发生了性关系。那段时间，儿子动不动就找他们要钱，理由是到医院诊治"包皮过长"。后来他们觉得不对劲，因为儿子前前后后花了近三万块钱，可所谓的"包皮过长"还没治好。

一天晚上，父亲强行脱下男孩的内裤，看到男孩的生殖器上长满了"菜花状"的红疹，顿时意识到问题的严重性。这不，他们毅然决然地将儿子带到诊所。

经诊治，医生告诉患者及家属："孩子患的是尖锐湿疣，这是一种性传播疾

病，主要传播途径是性接触传播，还可以通过间接传播，比如，不小心接触了被尖锐湿疣患者污染的内裤等。"

对于这样的诊断结论，孩子的母亲似乎并不意外，只见她冷冰冰地甩出一句话："你给我好好治疗。"

受一些不良社会环境的影响，青春期孩子在性好奇和性欲望的驱使下，加上形形色色的性信息的刺激，他们可能糊里糊涂地与异性发生性关系。然而，由于缺乏必要的性安全知识，不懂得避孕和防范性疾病传播，很容易"踩雷、掉坑"，悔恨终生。

父母是孩子健康成长的第一责任人，务必对孩子加强性安全知识教育，让孩子远离性行为、性犯罪，杜绝被一切性疾病传染的可能。

1.告诉孩子性病的危害

性病是各种性传播疾病的总称，最常见的性病有艾滋病、梅毒、尖锐湿疣、衣原体感染等，有些性病一旦被感染，彻底治愈的可能性微乎其微，这些性传播疾病的恐怖性还在于，它们会不断引发机体各种病变，这意味着患者一辈子都要与它们做斗争，不但会让患者在身心上痛苦不堪，也会直接在经济上拖垮一个家庭，更会让患者对婚恋的美好憧憬化为泡影。

所以，家长一定要告诉孩子性病的可怕性，让孩子明白染上这类疾病等于坠入人间地狱，一辈子难有翻身机会，且生命健康会受到极大的威胁。同时，家长最好带孩子每年进行健康体检，以便对孩子的身体健康状况有一个全面的了解。

2.用反面教材警醒孩子

关于性病的危害，如果家长仅给孩子讲理论，孩子可能感受不那么强烈，但如果家长用反面案例作为教材，孩子听了之后更容易受到震动，从而保持警醒。反面案例哪里有呢？网络上、报刊上、生活中都有这类案例，特别是医护人员手头的病例，都可以作为日常亲子聊天的话题。下面我们来看一个例子。

　　"我今天遇到一个和你年纪差不多的女孩，得了一种让人痛心的病。"一位医生妈妈说。

　　"她得的什么病？"这个开场白马上引起了女儿的注意。

　　"她得的是性病。因为她交了一个有性病的男朋友，被传染了。"妈妈接着提醒女儿，"所以，千万不要和那些经常去娱乐场所的男孩玩。当然，最安全的做法是不早恋、不过早发生性行为。即使将来找对象，也不能只看外表，而要看人品，了解对方的经历和身体状况……"

　　这位家长对孩子进行性安全教育的做法值得大家学习。既告诉孩子性病是怎么传播的，又让孩子明白如何去防范，更对孩子的恋爱观有所指引。

3.教孩子远离性侵犯

　　想让孩子远离性病，除了教育孩子不能主动或自愿与人发生性行为，还应教孩子避免遭遇性骚扰和性侵犯，尤其是暴力侵犯对女孩的伤害非常大。因此，家长要告诉孩子什么是性骚扰和性侵犯："如果有人把你带到隐秘的地方，让你或强迫你脱下裤子，摸你的胸部或生殖器，或让你摸他的生殖器，看他的裸体，或在公交车上用隐私部位蹭你的屁股，摸你的屁股或胸部等，这些行为都属于性侵犯。"

　　如果遭遇性骚扰和性侵害，家长应该教孩子怎样应对呢？

　　告诉孩子：如果在隐蔽的地方，周围没有人，那应该保持冷静，设法周旋，可谎称"我有性病"吓唬对方。也可借口"让我给你脱裤子吧"，等将他裤子脱到半截时，撒腿就跑，往有人的地方跑，边跑边呼喊"救命"。

　　告诉孩子：如果在公交车上遭遇性骚扰，被人触碰隐私部位，可以挪个位置，如果对方依然跟过去继续骚扰，你可以严厉警告"请你放尊重点"或直接大声求救"救命啊，这个人骚扰我"。

告诉孩子：如果被坏人控制、求助无门，那就不要顽抗了，选择妥协以求自保。因为比起生命，遭遇性侵犯的损失相对小得多。但在性侵犯后，一定要第一时间告诉爸妈，爸妈会马上报警并带你去医院检查身体，将伤害降至最低，将坏人绳之以法。

家长还应告诉孩子："为了避免遭遇性侵犯，最好的办法是不给别人侵犯自己的机会，不让自己身处险境。比如，每天早点儿回家，不在外面逗留至夜深；出门结伴而行，不走偏僻小道；不去鱼龙混杂的娱乐场所；不随便喝陌生人给的饮品，特别是已经开过封的；不与异性独处一室，哪怕对方是熟人、同学的家人甚至亲戚。"

强调一下，以上防范性骚扰和性侵犯的策略不仅适用于女孩，也适用于男孩。

4.做孩子坚定的守护者

人生难免遭遇不幸。如果孩子不慎遭遇性骚扰和性侵犯，家长一定不要责骂孩子，而要做孩子坚定的守护者。要告诉孩子："这样的事情谁都不想遇到，这不是你的错，爸爸妈妈依然爱你，保护你不再受到类似伤害。"然后第一时间带孩子去医院检查。如果孩子自愿与人发生性行为，且不幸感染性病，家长也要用心呵护孩子，带孩子坚持治疗。毕竟有些症状较轻，尽早治疗，还是可以治愈的。